LA
RÉVOLUTION LÉGALE

PAR

LA PRÉSIDENCE D'UN OUVRIER

SOLUTION DÉMOCRATIQUE DE 1852,

PAR

EMILE DE GIRARDIN

Représentant du peuple.

(Articles extraits du *BIEN-ETRE UNIVERSEL*).

Le peuple qui a la souveraine puissance doit faire par lui-même tout ce qu'il peut bien faire; et ce qu'il ne peut bien faire, il faut qu'il le fasse par ses ministres.

Ses ministres ne sont point à lui s'il ne les nomme; c'est donc une maxime fondamentale de ce gouvernement que le peuple nomme ses ministres.

Le peuple est admirable pour choisir ceux a qui il doit confier quelque partie de son autorité.

MONTESQUIEU. *Esprit des Lois.*

PRIX : 10 CENTIMES.

<table>
<tr><td>CONSPIRONS.</td><td>DU CHOIX D'UN CANDIDAT. — I.</td></tr>
<tr><td>CE QUI ARRIVERA EN 1852.</td><td>DU CHOIX D'UN CANDIDAT. — II.</td></tr>
<tr><td>CE QU'IL Y A A FAIRE.</td><td>DU CHOIX D'UN CANDIDAT. — III.</td></tr>
<tr><td>LA RÉVOLUTION LÉGALE.</td><td>LE LENDEMAIN.</td></tr>
</table>

PARIS.

A LA LIBRAIRIE NOUVELLE, boulevard des ITALIENS, 15,

Maison de l'Evénement et du Bien-Etre universel.

1851.

LA RÉVOLUTION LÉGALE

PAR

LA PRÉSIDENCE D'UN OUVRIER

SOLUTION DÉMOCRATIQUE DE 1852.

> Le peuple qui a la souveraine puissance doit faire par lui-même tout ce qu'il peut bien faire ; et ce qu'il ne peut bien faire, il faut qu'il le fasse par ses ministres.
>
> Ses ministres ne sont point à lui s'il ne les nomme ; c'est donc une maxime fondamentale de ce gouvernement que le peuple nomme ses ministres.
>
> Le peuple est admirable pour choisir ceux à qui il doit confier quelque partie de son autorité.
>
> MONTESQUIEU. *Esprit des Lois.*

CONSPIRONS.

Aux lecteurs du *Bien-Être Universel.*

Lecteurs qui vous êtes associés à la pensée qui sera à ce journal ce que le gland est au chêne, conspirons.

Conspirons, puisque tous les partis conspirent.

Ils conspirent secrètement et en se cachant, conspirons ouvertement et sans nous cacher.

Comptons-nous, multiplions-nous, organisons-nous.

Qu'il n'y ait pas une seule commune en France, pas un hameau habité par un Français sachant lire, où le *Bien-Être Universel* ne possède au moins un abonné ; qu'il n'y ait pas un seul canton où il n'entretienne un correspondant connu, dévoué, désintéressé ; qu'enfin dans tous les départemens il y ait d'actifs propagateurs ;

Propagateurs,

Qui dressent des listes officieuses de souscription ;

Qui écrivent des lettres pressantes à tous leurs amis afin de stimuler leur zèle ;

Qui centralisent la correspondance, les sacrifices et les efforts.

Qui fassent imprimer et placarder des affiches ;

Qui obtiennent l'appui sympathique de la presse locale en communion d'idées et de principes ;

Qui, enfin, ne négligent rien de ce qu'il importe de faire pour que le *Bien-Être Universel* soit le lien du grand faisceau démocratique.

Ce concours, le *Bien-Être Universel* peut le revendiquer hautement, car il est lui-même une œuvre de dévouement, pur de l'alliage de toute spéculation occulte, de toute arrière-pensée personnelle.

Ni sacrifices ni efforts ne lui coûteront.

Une loi contraire à la Constitution, à la liberté de la presse, à la liberté de l'industrie, a frappé mortellement le colportage ; une autre loi rétablissant le timbre a contraint les journaux d'élever leur prix d'abonnement ; des arrêts arbitraires ont interdit la vente au numéro, ou plutôt ces arrêtés ont interdit aux feuilles populaires ce qu'ils accordaient aux feuilles réactionnaires ; toutes ces persécutions administratives, toutes ces infractions à l'esprit, sinon à la lettre, du pacte fondamental, sont autant de puissans motifs pour ne pas laisser à terre le tronçon d'épée qui doit nous aider à ressaisir la victoire, à faire triompher le droit !

Mai 1852 approche.

Une année dans la vie d'un peuple, c'est à peine le temps d'une pulsation.

Ne l'oublions pas.

Nous tous qui voulons sincèrement, fermement la République démocratique, le bien-être universel, ne perdons pas une heure, une minute, une seconde pour nous rallier autour d'une idée commune et former la gerbe.

C'est la condition du succès.

Il importe de ne pas se diviser dans les élections des représentans du peuple qui auront lieu à la fin d'avril 1852 (1), et surtout dans l'élection du président de la République, qui se fera peu de jours après, le deuxième dimanche de mai 1852.

Le parti qui aura le président de la République aura tout.

Il importe donc essentiellement que ce soit le parti démocratique qui le nomme ; que ce soit son candidat qui l'emporte.

— Mais qui sera ce candidat ?

— Ne me demandez pas qui il sera, mais qui il devra être ?

Je réponds :

— Celui qui donnera le plus de garanties, le plus de gages aux intérêts de l'immense majorité.

— Qu'appelez-vous l'immense majorité ?

— J'appelle ainsi la majorité qui se compose de tous ceux qui travaillent sans gagner assez pour épargner quelques privations qu'ils s'imposent, quelques efforts qu'ils prodiguent.

J'appelle ainsi la majorité qui se compose de tous ceux qui souffrent sans qu'on puisse justement imputer leur souffrance à la paresse ou à l'inconduite.

Enfin, j'appelle ainsi les dix millions de travailleurs qui font la force et la richesse de la France, qui recrutent son armée, défendent son pavillon, labourent ses champs, moissonnent ses récoltes, fanent ses foins, cultivent ses vergers, vendangent ses vins, peuplent

---

(1) On croit communément que l'élection du président de la République précédera les élections générales des représentans du peuple ; c'est une erreur. L'article 31 de la Constitution marque comme délai extrême, le trentième jour qui précède la fin de la législature. Donc, la législature expirant le 28 mai 1852, les élections générales devront avoir lieu le 28 avril.

ses ateliers, alimentent ses fabriques, entretiennent ses manufactures.

Je sais compter: je sais que *un* est moins que *dix* ; je n'appelle donc pas *dix* la minorité et *un* la majorité.

J'appelle Majorité ce qui est vraiment et incontestablement la majorité, ce qui est relativement au très petit nombre le très grand.

Eh bien! c'est à cette immense majorité que ce journal s'adresse, car le bien-être universel est à la fois son but et son droit.

Oui la Majorité, l'immense majorité a droit au bien-être, c'est-à-dire à l'égalité sociale devant le strict nécessaire.

Elle l'aura sûrement si elle serre ses rangs, et marche d'un pas ferme vers l'élection de 1852.

Ni tiédeur, ni division.

Point de récriminations inutiles; point de rivalités dangereuses, point de défiances injustes.

Prudence mais union!

Qu'elle ait un moyen sûr de ralliement et un mode économique de correspondance.

C'est ce que lui offre le *Bien-Être Universel.*

Quand le moment sera venu, il portera à la connaissance de tous, dans l'atelier, dans la fabrique, dans la grange, dans le hameau le nom du président qui aura été adopté par la démocratie comme le symbole pacifique de sa tardive délivrance!

Car, le deuxième dimanche de mai 1852, il faudra FORCÉMENT, INÉVITABLEMENT nommer un président de la République.

L'abolition de la présidence et l'adoption du gouvernement direct ne sont encore que des pépins; les prendre pour des fruits serait une grave erreur.

Il n'y a pas à songer ni à l'abolition de la présidence, ni à l'adoption du gouvernement direct avant la révision de la Constitution.

Or, la Constitution ne peut être revisée que si les TROIS-QUARTS des représentans du peuple sont d'avis, après trois lectures, à un mois d'intervalle chacune, qu'il y a lieu de la réviser.

Donc :

Sur 750 représentans, il en faudrait 553; 188 représentans qui seraient d'avis qu'il n'y a pas lieu à révision suffiraient à l'empêcher.

Sur 600 représentans, il suffirait qu'il y en eût 151 qui y fussent opposés.

Qui de vous, ne sait que l'opposition unanime compte sur les bancs de l'Assemblée législative de 200 à 225 membres?

L'opposition démocratique et républicaine, fût-elle seule pour repousser la révision, que, vous le voyez bien, la révision serait matériellement impossible.

Quant à présent, il n'y a donc nullement à songer ni à l'abolition de la présidence, ni au gouvernement direct; il n'y a qu'une seule chose utile à faire : c'est de s'occuper sans retard et sans relâche de s'organiser, en vue des élections de 1852, et de se préparer à choisir un président de la République, dont l'élection, à elle seule, soit une victoire gagnée sans bataille livrée;

Un président de la République dont l'élection soit le châtiment mérité de la réaction insolente;

Un président de la République dont l'élection soit l'avénement définitif de la démocratie;

Un président de la République dont l'élection donne à la France une liberté et une prospérité égales à celles dont jouissent les États-Unis, prospérité et liberté qu'ils ont dû à des présidens tels que Washington, qui commença par être simple arpenteur, Polk, qui commença par être ouvrier sellier.

C'est à Polk, c'est à sa fermeté, c'est à son initiative que les États-Unis ont dû, en 1847, l'importante annexion du Texas et leur triomphe sur l'Angleterre dans la grave et délicate question de l'Orégon, en suspens depuis cinquante années.

Dès aujourd'hui, toutes les idées, tous les efforts doivent converger vers ce point: L'ÉLECTION DU FUTUR PRÉSIDENT DE LA RÉPUBLIQUE.

Il dépend de la majorité d'avoir cette fois son véritable Élu.

Nul ne peut l'en empêcher qu'elle seule, en se divisant; comme il n'est qu'un moyen de faire que 3 soient supérieurs à 10, c'est de diviser 10 par 5.

Mais si elle veut réussir, qu'elle ait un mot de ralliement.

C'est en ce sens, ô mes complices, que je vous ai dit et que je vous répète:

Conspirons!

Conspirons hautement, ouvertement!

Conspirons pour l'affermissement de la République démocratique !

Conspirons pour le rétablissement du suffrage universel!

Conspirons pour l'abolition du recrutement militaire qui tire les hommes au sort et prend à celui qui n'est pas assez riche pour se racheter plus du CINQUIÈME DE LA VIE MOYENNE, c'est-à-dire sept ans sur trente-trois!

Conspirons pour la réduction du budget des dépenses au chiffre de six cent millions qui, plus tard encore, devra se réduire considérablement!

Conspirons pour la suppression de tous les impôts indirects qui font obstacle à la consommation et par suite au travail !

Conspirons pour l'affranchissement de la Commune en tutelle !

Conspirons pour l'abolition de la misère!

Conspirons pour la nomination d'un président dont l'élection significative soit une révolution pacifique, mais suprême, accomplie non à coups de fusils, mais à coups de bulletins, car posséder la Présidence de la République, c'est occuper la citadelle de la Liberté !

Formons tous, enfin, une immense ligue contre tous les abus, contre tous les excès, contre tous les priviléges, contre toutes les erreurs, contre tous les vices et que notre mot de ralliement, transmis et retentissant dans trente-sept mille communes, soit : — Bien-Être universel.

ÉMILE DE GIRARDIN,
Représentant du peuple.

CE QUI ARRIVERA EN 1852.

C'est dans deux ans, deux ans à peine,
Que le coq gaulois chantera.
Tendez l'oreille vers la plaine...
Entendez-vous ce qu'il dira ?
Il dit aux enfans de la terre,
Qui sont courbés sous leur fardeau :
Voici la fin de la misère !
Mangeons du pain noir, breuvons d'eau!

Des monts sacrés où la lumière
Forge ses éclairs et ses feux,
Viens, en déployant ta bannière,
Dix-huit cent cinquante-deux.

PIERRE DUPONT.

Ce qui arrivera? Rien n'est plus facile à prévoir ni moins incertain à prédire. Il arrivera ce qui doit arriver : semez du froment, ce ne sera pas du seigle qui poussera ; greffez un poirier, ce ne seront pas des cerises qu'il portera ; visez un perdreau au vol, ce ne sera pas un lièvre au gîte que vous tuerez.

À tort ou à raison, une Constitution a été plantée le 4 novembre 1848 ; eh bien ! cette Constitution continuera de porter ses fruits.

Pour fruits elle a porté, le 10 décembre 1848, M. Louis-Napoléon Bonaparte, qui a été élu président de la République, et le 13 mai 1849 l'Assemblée législative.

Pour fruit elle portera, le 10 mai 1852, un président, à qui nul ne pourra opposer aucun arrêt judiciaire, aucun décret de bannissement, aucun article de la Constitution, et qui réunira plus de quatre millions de voix, car il aura les voix de tous ceux qui comprennent qu'il n'y a plus à hésiter, qu'il faut d'un bond franchir l'abîme, avancer d'un siècle ou reculer d'un siècle, sauter à pieds joints en 1950 ou en 1750, à cette époque où le Parc-aux-Cerfs transportait en France les mœurs de Constantinople ; où la marquise de Pompadour, succédant à la duchesse de Châteauroux, allumait, par vanité, la guerre en Europe ; où le parlement de Paris était cassé parce qu'il avait refusé d'enregistrer un édit qui créait un impôt de deux-vingtièmes ; où l'armée française, commandée par le prince de Soubise, après avoir été battue à Rosbach, était successivement battue à Crevelt, sous les ordres du comte de Clermont, et à Minden sous M. de Contades ; où tous nos vaisseaux périssaient dans deux grandes batailles navales, l'une à la sortie du port de Toulon, l'autre à la sortie du port de Brest ; où le roi de France grossissait son trésor en spéculant sur les grains et sur la faim du peuple ; où un premier ministre, le comte de Choiseul, était sacrifié à une fille publique, Mᵐᵉ Dubarri ; où tous les membres du parlement de Paris étaient exilés ; où tous les parlemens de province étaient frappés ; où les lettres de cachet ne se comptaient plus ; où la France laissait honteusement partager la Pologne ; où la banqueroute était hautement érigée en système par le digne ministre d'une telle époque, l'abbé Terray, contrôleur-général des finances, qui a peint à la fois son caractère et son temps dans des paroles, que l'histoire a recueillies. Le maréchal de Richelieu raconte que, dans un comité particulier, où l'on parlait des plaintes du *peuple*, l'abbé Terray reprit : « Il est bien à plaindre ! on lui paie » depuis longtemps des intérêts qui ont absorbé le » fonds ; le roi ne doit légitimement presque plus » rien ; *ainsi je ne vois plus, pour payer les dettes de* » *l'État, qu'une banqueroute générale qu'il faut avoir* » *l'adresse de faire en détail, de façon qu'en quelques* » *années le roi sera quitte.* » Dans une autre circonstance, un père de seize enfans, auquel les édits du temps avaient ôté toute ressource, se présente à l'abbé Terray et lui dit : *Faut-il donc que j'égorge mes enfans?* L'abbé Terray lui répond : *Peut-être leur rendrez-vous service.* Tandis qu'il portait ainsi la ruine et la désolation au sein des familles, ce ministre étalait un luxe effréné et faisait construire rue Notre-Dame-des-Champs, un hôtel où la profusion des sculptures, des peintures et la richesse du mobilier étaient si grandes, que la cour et la ville allaient le visiter. Dans la chambre à coucher du maître, était un lit somptueux, et au fond de l'alcôve, un tableau voilé ; en levant le rideau, on appercevait une femme complètement nue, et l'abbé disait aux curieuses : « *Mesdames, voilà le costume.* »

C'est ce beau régime que par opposition au régime de la Liberté, on appelle le régime de l'Autorité!

C'est ce beau régime dont les bruyans prôneurs de la Religion, de la Famille et de la Propriété, déplorent si amèrement la chute, et souhaitent si vivement le retour!

Ils l'attendront en vain.

La leçon que les élections générales du 13 mai 1849 ont donnée à la France lui servira : entre un siècle en arrière et un siècle en avant, entre 1750 et 1950, le suffrage universel n'hésitera point. Cette fois, il sera exclusif et défiant, et il aura grandement raison de l'être. Quiconque, par son passé et ses sacrifices, ne lui donnera pas des gages suffisans sera écarté.

Tous les travailleurs voteront comme un seul homme.

Partout on se comptera.

Nulle part on ne transigera.

Cette union ne fera pas seulement la force, elle fera l'ardeur.

Cette ardeur sera électrique.

Déjà l'on comprend, dès que l'on a compris que les élections générales des représentants du peuple ne seront qu'une mêlée confuse et douteuse, mais que la bataille décisive et la victoire certaine, seront l'élection du Président de la République.

C'est dans cette élection que le Peuple s'incarnera et condensera toute sa force.

Force invincible!

Pas une voix ne sera perdue.

Ni les proscrits de Londres, ni les détenus de Doullens et de Belle-Isle ne recueilleront un suffrage, car il ne pourrait leur être donné sans être enlevé à l'Élu qui sonnera l'heure de leur rappel et de leur délivrance.

Voter pour eux, ce serait voter contre eux.

Ils le comprendront !

Il n'y aura que deux candidats :

Le candidat de la Vile Multitude!

Le candidat de la Peur!

Pour se rassurer, la Peur choisira un sabre, et le sabre qu'elle choisira sera celui qui la compromettra le moins le lendemain du vote, si le candidat dont le nom sera proclamé est, comme cela n'est pas douteux, celui de la Vile Multitude.

La Peur n'osera pas même voter pour le général Changarnier, qui, en 1852, aura moins de voix encore qu'en 1848, où son nom sortit le dernier de l'urne électorale avec 4.687 suffrages.

Elle votera pour le général Cavaignac, afin de pouvoir se dire encore une fois républicaine, si la prudence le commande.

Inéligible, ce sera à peine si M. L.-N. Bonaparte recueillera çà et là quelques suffrages obstinés de quelques vieux soldats, qui, plutôt que d'écrire un autre nom que le nom de Bonaparte, aimeront mieux que leur bulletin ne soit pas compté et soit relégué parmi les *bulletins inconstitutionnels*.

Voter pour l'ancien président inéligible, ce serait voter la guerre civile ; ce serait voter la déchéance de la souveraineté du peuple ; ce serait voter l'excitation à l'usurpation ; donc si l'on en excepte quelques invalides, personne ne votera pour M. L.-N. Bonaparte. Tout le monde comprendra que si M. L.-N. Bonaparte était élu malgré l'article 45 de la Constitution, qui déclare que le président de la République élu pour quatre ans, *n'est rééligible qu'après un intervalle de quatre années*, le lendemain il serait fondé à prétendre que la Constitution a été abrogée par la majorité souveraine ; qu'il la représente exclusivement ; qu'il n'y a plus de Constitution qui le lie ; qu'il a donc le droit de proclamer la forme de gouvernement qui lui paraît la meilleure, et qu'en conséquence il proclame l'Empire.

Cela est tellement clair que tous les yeux le verront ; cela est tellement simple que tous les esprits le comprendront.

M. L.-N. Bonaparte n'aurait pu être réélu qui si la Constitution avait été revisée.

Or, elle ne le sera pas, elle ne peut pas l'être ; car la révision de la Constitution est une question qui ne dépend pas de la Majorité mais de la Minorité.

Il suffit que la Minorité ne le veuille pas pour que la révision soit naturellement impossible.

Essaierait-on d'intimider la Minorité ? On l'essaierait en vain ; il y a dans ses rangs des hommes qui sont décidés à se faire tuer à la tribune pour relever, dans l'histoire, l'honneur de tant d'assemblées qui, depuis soixante années, se sont lâchement laissé dissoudre ou disperser. On ne l'essaiera pas.

Essaierait-on d'enlever la révision à la simple majorité, contrairement aux termes de l'article 111 de la Constitution ? On l'essaierait en vain ; il y a dans l'Assemblée 188 représentans, au moins, qui se leveraient unanimement pour déclarer que la Majorité s'étant mise, elle-même, hors la Constitution, ils demeurent seuls pour représenter et défendre la souveraineté du peuple, le suffrage universel, la Constitution. Qu'oserait-on contre eux ? Il faudrait les massacrer sur leur siége. Qui donnerait l'ordre ? Qui l'exécuterait ? C'est donc là encore un essai qu'on ne tentera pas.

Vous le voyez, vous que j'ai nommés mes complices, vous le voyez, quand on ne craint pas d'aller au fond des choses, tout se simplifie.

Nous n'aurons que des nœuds à défaire ; nous n'en aurons aucun à trancher.

Nous n'aurons pas à nous battre ; nous n'aurons qu'à nous compter.

Ce ne sera pas une bataille ; ce sera une moisson.

Jusqu'ici toujours on a attelé le cheval derrière la charrette. Cela n'allait pas.

Cette fois, nous tenterons une chose neuve, hardie ; nous tenterons d'atteler la charrette derrière le cheval. Cela ira peut-être.

Jusqu'ici on a toujours voulu un gouvernement qui retint et toujours il a versé.

Cette fois, nous prendrons un gouvernement qui tire, ne fût-ce pour changer.

J'appellerais un *gouvernement qui tire*, un président de la République qui aurait souffert de toutes les privations que le peuple endure, et qui par conséquent les connaîtrait ; qui ne croirait pas que tout est bien parce que trois mille personnes dansent dans ses salons ; qui ne prendrait pas pour régulateur du bien-être universel le cours de la Bourse de Paris ; qui aurait porté le poids écrasant des impôts de consommation ; qui, faute de quinze cents francs, aurait été forcé de mettre à la loterie du recrutement les sept plus belles années de sa vie ; qui aurait des rudes travaux une habitude si grande et des périls journaliers un mépris si profond, que tout travail lui paraîtrait léger et tout péril insignifiant ; qui se préoccuperait moins de ceux qui ont que de ceux qui n'ont pas ; qui ne placerait pas l'exception au-dessus de la règle ; qui ne donnerait pas au petit nombre ce nom mensonger : *la Société*, et au grand nombre ce nom injurieux : *la Multitude* ; qui ne paraîtrait pas déroger en cherchant la popularité en faisant passer le pauvre avant le riche, le travailleur avant l'oisif, le contribuable avant le commis, et en rompant avec cette vie des réceptions officielles, qui est le gaspillage du temps organisé et la servitude du pouvoir déguisée ; qui aurait été si peu accoutumé à l'adulation, qu'elle lui paraîtrait une ironie ; qui irait droit son chemin et ne prendrait pas l'ornière pour la route ; qui, enfin, aurait fait tout naturellement, et sans avoir besoin de se travestir en charpentier, le rude et noble apprentissage de Pierre-le-Grand !

Le 10 décembre 1848, le peuple a voté *Martyre* et *Gloire*. C'est de la poésie qu'il a fait.

Le 10 mai 1852, il votera *Misère* et *Travail*. La poésie l'a trompé ; cette fois, ce sera de la prose qu'il fera.

Il fera bien.

Il choisira son élu dans ses rangs.

— Cela vous étonne !

N'est-ce donc pas de ses rangs que sont sortis nos plus vaillans *généraux*, nos plus illustres maréchaux ? Pourquoi donc la Paix se montrerait-elle plus dédaigneuse que la Guerre ? L'art de conduire les hommes au bien-être serait-il donc plus difficile que l'art de les conduire à la victoire ?

Est-il un homme d'Etat, je n'en excepte ni William Pitt, ni James Fox, ni Robert Peel, qui ait fait pour la grandeur de l'Angleterre autant que Arkwright, simple barbier de Preston, qui, dans son désir de dissiper par la théorie ses doutes sur la forme la plus convenable à donner aux rasoirs, étudia l'équilibre de coin, médita sur la mécanique et finit par inventer la machine à filer le coton ? Autant que Neucomen, simple ouvrier serrurier, qui trouva le moyen de mettre en quelque sorte, la vapeur sous clé ? Autant que Watt, qui commença par être repasseur de compas et d'équerres, et dont la statue s'élève, dans l'abbaye de Westminster, au dessus des tombeaux des souverains et des hommes les plus illustres de la Grande-Bretagne ?

Si Franklin existait parmi nous, l'écarteriez-vous donc le 10 mai 1850, en lui disant : Arrière compagnon, reste à ta casse d'imprimerie ?

Le Peuple choisira son élu dans ses rangs, et il n'aura que l'embarras du choix, car ses rangs recèlent un très grand nombre d'hommes probes, capables, instruits, éprouvés, modestes, doués du plus inflexible bon sens, ayant la religion du devoir et trouvant la volupté dans l'abnégation ; nul peut-être ne le sait mieux que moi, car mes cartons renferment plus de dix mille lettres d'ouvriers, dont quelques unes sont des chefs-d'œuvres de raison et de sentiment.

Pour être avec quelque éclat et quelqu'influence membre d'une Assemblée législative, il faut posséder une grande puissance ou une grande souplesse de parole ; mais pour être président de la République, que faut-il ? — L'amour sincère et la connaissance profonde du Peuple.

C'est-à-dire ce qui manque à tous les ambitieux qui se décorent entre eux du titre d'hommes d'Etat.

Aussi, je vous l'annonce : en 1852, ne sera-ce ni un prince, ni un homme d'Etat qui sera nommé président de la République démocratique.

Ce sera :

Un ouvrier d'Etat !

Quelque obscur que soit d'abord son nom, il ne sera obscur qu'un seul jour ; car, dès le lendemain, il sera dans toutes les bouches ; il aura volé de clocher en clocher, couru de grange en grange, circulé d'atelier en atelier, et, dans tous les ateliers comme dans toutes les granges, il ralliera l'unanimité, parce qu'il signifiera :

Ligue de la Vile Multitud contre toutes les méprisables apostasies !

Victoire sans bataille !

Triomphe définitif du Peuple !

Fin des révolutions par l'abolition de tous les priviléges, sources corrompues d'où jaillissent toutes les misères !

EMILE DE GIRARDIN
Représentant du peuple

CE QU'IL Y A A FAIRE.

« Heureux siècle ! Ouvrez les yeux sur les angoisses du pauvre ; voyez le paupérisme marchant à pas de géant à la suite des plus brillantes conquêtes de l'industrie sur le travail des bras ; calculez le nombre et la force de ces ouvriers coalisés.... Appréciez le désespoir serrant les phalanges désœuvrées que rallie l'étendart de la mort, et, s'il en est temps encore, sachez fermer le gouffre dans lequel vous allez vous engloutir. »

DE MOROGUES. 1831. (*Du Paupérisme.*)

L'idée qui consiste à concentrer tous les efforts sur l'élection du 10 mai 1852 et à s'assurer par le choix décisif qui sera fait à cette époque tous les avantages de la victoire sans les périls de la bataille, cette idée, pour être immédiatement comprise, n'a eu besoin que d'être simplement exposée.

Elle a lui aux yeux de tous, comme un rayon d'espoir aux yeux du prisonnier qui entrevoit tout-à-coup un moyen d'évasion dont il n'avait pas soupçonné l'existence.

En effet, se sont dit tous mes sympathiques lecteurs, nous composons la majorité, l'immense majorité ; donc, nous n'avons qu'à le vouloir et qu'à nous compter pour sortir de l'impasse où nous sommes enfermés et délivrer nos libertés captives.

Cela est aussi facile à faire qu'une addition.

Comptons :

Combien existe-t-il d'oisifs et d'héritiers par transmission de patrimoine ?

Combien êtes-vous de travailleurs et de fils de vos œuvres ?

A peine si, relativement aux travailleurs et aux malheureux, les oisifs et les heureux sont dans la proportion de 1 à 10.

Qui de 10 ôte 1, restent 9.

De ces 9, il faut encore déduire :

Les faibles qui n'ont pas dans le caractère assez d'indépendance pour qu'elle fasse contrepoids à la dépendance de leur situation ;

Les insoucieux, que l'apathie rive à la routine, et qui n'ont pas dans l'esprit assez d'étendue pour imaginer un avenir autre et meilleur que le présent.

Faibles et insoucieux, fussent-ils représentés par 2, qu'ils ne seraient encore, relativement à vous, que comme 3 sont à 10.

Quelques calculs qu'on fasse, quelques déductions qu'on opère, pour le moins qu'on puisse vous compter, c'est pour les sept-dixièmes des électeurs.

Donc, le président de la République, tant qu'il sera nécessaire d'en élire un, sera celui qu'il vous conviendra de choisir.

Vous tenez dans vos mains les clés de la porte ; il dépend de vous uniquement ou de la fermer à double tour, ou de l'ouvrir à deux battans.

Un instant d'hésitation est-il possible ?

Non.

Qui a été privé pendant plus de trois ans de sa liberté, aspire à la recouvrer.

Pour que ce sentiment ne fût pas dans son cœur, il faudrait que la mort s'y fût déjà glissée.

Eh bien ! voici ce que je vous dis :

Si tout-à-coup vous appreniez que Paris vient de couvrir ses rues de barricades, comme en juillet 1830 et février 1848, qu'on s'y bat et qu'une nouvelle révolution est à la veille de triompher ou de succomber, qu'arriverait-il ? Il arriverait ce qui arrive toujours en pareil cas : les têtes aussitôt se rempliraient et les ateliers se videraient ; les esprits travailleraient et les bras se reposeraient.

Est ce vrai ?

Je reprends et j'ajoute :

Que les ateliers ne se vident pas, mais que les têtes s'emplissent ; que les bras ne se reposent pas, mais que les têtes travaillent.

Préparez, non des cartouches, mais des bulletins.

Barricadez-vous non dans une rue, mais dans une idée.

Que cette idée soit : — A nous la présidence de la République ; à notre tour et dans nos mains le timon du gouvernement, les rênes de l'Etat.

Ralliez à cette idée tous ceux qui vous entourent, qui sont vos compagnons ou dont vous êtes les confidens.

Expliquez-leur sous toutes les formes, répétez-leur en toutes occasions que c'est l'unique moyen de rompre avec le passé sans aventurer l'avenir ; que c'est l'unique moyen d'en finir avec les déceptions ; de réduire considérablement le budget ; de supprimer tous les impôts qui pèsent sur le travail et tarissent la consommation du pauvre ; d'abolir la conscription, qui désole les familles et dépeuple les communes ; de fermer tous ces salons de préfets, de ministres et de président de la République, ouverts à la vie officielle.

La vie officielle, c'est la mort de la France, c'est son asphyxie.

Trop longtemps la France a été un étroit salon ; cela se comprenait et il en devait être ainsi sous un régime où il y avait peu de nobles et beaucoup de vilains ; maintenant que le travail est la loi générale d'acquisition et de conservation des fortunes, la France doit être un immense atelier, un vaste champ.

On ne manquera pas de vous dire :

— Mais, si les ministres n'habitent plus de somptueux hôtels d'où ils s'imaginent toujours qu'ils ne sortiront jamais, le pouvoir n'aura plus de prestige ; si le chef du gouvernement n'a pas tous les jours cinquante flatteurs à dîner, toutes les semaines, deux mille personnes qui fassent le siége de quatre salons, pour y voir danser ou pour y entendre chanter, le commerce en souffrira.

A qui vous dira cela sérieusement, riez-lui au nez.

Est-ce que le commerce de Paris, est-ce que la prospérité de la France tiennent à quelques mètres de plus ou de moins de rubans et de gaze, à des bougies qu'on brûle et à des sorbets qui fondent ?

Niaiserie et mensonge.

Mensonge et niaiserie.

Bons et braves habitans de la campagne, qui formez les sept-dixièmes de la population, qui êtes la force et la richesse du pays, vous ne savez pas ce que c'est qu'un « sorbet » et vous ne le saurez jamais.

Ce qui fait la prospérité d'un grand pays, ce qui entretient l'activité de son commerce, ce n'est pas cette vie officielle qui absorbe tous les hauts fonctionnaires, et leur enlève le temps de travailler et la faculté de penser.

Ce qui fait la prospérité d'un grand pays, ce qui entretient l'activité de son commerce; ce sont de bonnes voies de communication, routes, canaux, chemins de fer, qui rendent presque imperceptibles les frais de transport; c'est un système d'impôt qui ne fasse point d'obstacle à la consommation, et permette à dix millions d'ouvriers qui travaillent de manger et de boire à discrétion.

Quand on danse le soir aux Tuileries ou à l'Élysée, je vous le demande, cela fait-il vendre au cultivateur un hectolitre de blé de plus, et cela fait-il payer un litre de vin moins cher à l'ouvrier de Paris qui a besoin de réparer ses forces épuisées par le labeur?

Que l'on donne une fête de moins, et que l'on ajoute un mètre de plus à une route nécessaire ou à un chemin de fer commencé, et l'on aura fait des deniers du contribuable un meilleur emploi.

Ce qu'il faut, c'est que de tous les points de la circonférence on puisse envoyer des denrées au centre, et que, par échange, le centre puisse envoyer ses produits à toutes les extrémités de la circonférence.

On n'a qu'à simplifier la perception de l'impôt, et cette simplification, à elle seule, suffira pour donner les moyens de supprimer tous les octrois.

Cette double réforme est extrêmement facile à opérer : qu'est-ce qui a empêché qu'on ne l'ait faite? qu'est-ce qui empêche qu'on ne la fasse? C'est qu'en France on a placé le pouvoir si haut, qu'il ne voit pas ce qui se passe en bas.

Ceux qui vous gouvernent, ou plutôt ceux qui ont la prétention de vous gouverner, croient, de très bonne foi, qu'il n'y a que les paresseux et les débauchés qui manquent du nécessaire ; ils croient que quiconque est laborieux et rangé peut manger du pain et de la viande, boire du vin et mettre de côté chaque année une épargne; ils ne se rendent que très imparfaitement compte des causes si diverses et si multipliées de chômage, de misère, de maladie. C'est cette illusion qu'il faut dissiper, c'est cette ignorance qu'il faut détruire, c'est cette indifférence qu'il faut vaincre.

— Le moyen?

Je l'ai indiqué.

Imiter ce qu'a fait celui dont vos enfans apprennent à bénir le nom, celui que le prêtre appelle le sauveur des hommes.

Où Jésus de Bethléem est-il né, où a-t-il voulu naître? Est-ce dans un palais? Non! c'est dans une crèche, dans une étable. D'où est-il descendu, d'où a-t-il voulu descendre? Est-ce d'un prince de la terre, est-ce du roi Hérode? Non; c'est d'un ouvrier, c'est du charpentier Joseph.

Que cet enseignement vous serve et nous serve à tous !

Assez de fois et assez longtemps la vérité de ces paroles de l'Écriture a été confirmée par les siècles :

« Voici quel sera le droit du roi qui régnera sur vous:

» Il prendra vos fils et il les mettra sur ses charriots. Il s'en fera des gens de cheval, et il les fera courir devant son char.

» Il en fera ses officiers; il prendra les uns pour labourer ses champs et pour recueillir ses blés, et les autres pour lui fabriquer les armes et l'attirail de la guerre.

» Il fera de vos filles des parfumeuses, des cuisinières et des boulangères.

» Il prendra aussi ce qu'il y aura de meilleur dans vos champs, dans vos vignes, et dans vos plans d'oliviers, et les donnera à ses serviteurs préférés.

» Il vous fera payer la dîme de vos blés et du revenu de vos vignes, pour avoir de quoi donner à ses officiers et à ses eunuques.

» Il prendra vos serviteurs, vos servantes, et les jeunes gens les plus forts, avec vos ânes, et les fera travailler pour lui.

» Il prendra aussi la dîme de vos troupeaux, et vous serez ses esclaves.

» Alors vous crierez contre ce roi que vous aurez voulu, et le Seigneur ne vous exaucera pas, parce que c'est vous-mêmes qui aurez demandé d'avoir un roi. » (I rois, 7. 18.)

Assez de fois et assez longtemps les palais et les salons nous ont trompés par leur éclat menteur ; cherchons au champ et dans l'atelier l'homme de cœur et de bon sens qui aura le bras assez robuste pour enfoncer la coignée dans les abus, et le courage assez rude pour oser plonger au fond de cet immense gouffre que le privilège a creusé, et qui s'appelle la Misère.

Cherchons tous, et l'un de nous trouvera l'homme modeste qui, rétablissant l'union en France, y fera fleurir le travail et fructifier le crédit.

L'Élu de tous ne devra être l'instrument d'aucun.

Donc, que dans toutes les granges et dans tous les ateliers où ces paroles parviendront et seront commentées, on se concerte pour donner à cette élection décisive son sens le plus clairement caractérisé.

Que de toutes parts on cherche le plus digne, le plus capable, le plus laborieux, mais surtout le plus simple!

Toutefois, qu'on le choisisse moins encore pour ce qu'il vaudra que pour ce qu'il signifiera, moins comme homme que comme symbole.

Ce qu'il doit représenter, c'est le Travail.

Qu'il en soit la statue vivante!

S'il y a un métier rude, qui exige un rude apprentissage, de rudes épreuves ; qui participe à la fois des travaux de la campagne et des travaux de la ville; qui se recrute parmi les nombreuses familles de laboureurs : c'est là plus particulièrement qu'il conviendra d'arrêter les regards et de chercher.

Ouvriers des villes et des campagnes, de la grange et de l'atelier, cherchez tous, concertez-vous, discutez entre vous quelles sont les précautions à prendre pour assurer le succès de l'entreprise et faire que votre choix soit le meilleur possible. C'est maintenant votre affaire.

Chacun sa tâche.

J'ai rempli la mienne.

J'ai ouvert le sillon.

J'ai semé le grain. L'épi poussera et mûrira.

Le surplus vous regarde.

J'ai donné la semence.

Chargez-vous de la moisson.

Car ce qu'il importe qu'on ne puisse pas dire, c'est que derrière l'Élu de cinq ou de six millions de travailleurs se cache une furtive ambition.

Quand je dis cinq ou six millions de travailleurs, ne croyez pas que j'exagère : la loi du 31 mai, qui a supprimé le suffrage universel, qui a exproprié trois millions d'électeurs, subsistât-elle, et les *exclus*, afin de montrer ce qu'il y a de force invincible dans la patience, déclarassent-ils qu'ils laisseront aux *inscrits* le soin de les rétablir dans leur droit et de les venger dans leur honneur, l'Élu du Peuple qui représentera le Peuple, l'Ouvrier qui représentera le Travail, n'en réunirait pas moins les cinq-septièmes de tous les suffrages exprimés.

Donc, même en mettant les choses au pis et en supposant une hypothèse que je repousse, en acceptant le chiffre restreint de sept millions de votans, le candidat, l'Élu du peuple aurait encore au moins cinq millions de voix.

Comment pourrait-on douter qu'il ne les eût pas, quand partout le mot d'ordre sera le même, et que ce mot d'ordre sera celui-ci :

Que tous ceux qui travaillent et qui souffrent votent pour l'Élu dont le nom voudra dire : consolation de la Souffrance, glorification du Travail.

Chacun son tour :

Les riches ont eu leur règne, et ce règne s'est traduit par la misère publique.

Le règne des pauvres arrive, et ce règne sera celui du bien-être universel.

Le château et le salon ont eu leur représentant.

Le champ et l'atelier auront leur élu.

L'immense majorité subissait la loi : désormais, ce sera elle qui la fera, et ce sera justice.

S'unir tous dans cette même pensée; choisir, en mai 1852, pour président de la République, le Français qui représentera le plus exactement les intérêts du plus grand nombre, c'est ce qu'il y a à faire, et faire cela, ce sera accomplir, sans violence, sans effusion de sang, par la seule loi du progrès, par la seule puissance de la vérité, la plus grande révolution dont le monde ait jamais été témoin.

A l'œuvre donc ! tous à l'œuvre !

ÉMILE DE GIRARDIN,
Représentant du Peuple.

LA RÉVOLUTION LÉGALE.

CE QU'ON M'OBJECTE ET CE QUE JE RÉPONDS.

« La classe ouvrière ne possède rien, il faut la rendre propriétaire. Elle n'a de richesse que ses bras, il faut donner à ces bras un emploi utile pour tous. Elle est comme un peuple d'Ilotes au milieu d'un peuple de Sybarites.

» Tous les hommes qui se sentent animés de l'amour de leurs semblables réclament pour qu'on rende enfin justice à la classe ouvrière qui semble déshéritée de tous les biens que procure la civilisation.

» Que le gouvernement établisse le bien-être des masses sur des bases inébranlables, et il sera inébranlable lui-même. La pauvreté ne sera plus séditieuse, lorsque l'opulence ne sera plus oppressive.

» Un gouvernement est inébranlable, quand il peut se dire : ce qui profitera au *plus grand nombre*, ce qui assurera la liberté des citoyens et la prospérité du pays, fera aussi la force de mon autorité, et consolidera mon pouvoir.

» Donnez au prolétaire le plus anarchique des droits, une place légale dans la société, vous en faites à l'instant un homme d'ordre, dévoué à la chose publique, car vous lui donnez des intérêts à défendre. »   **L.-N. BONAPARTE.**

On me dit :

Président de la République ! Quoi ? — Un ouvrier !! un véritable ouvrier !!! Un ouvrier qui ait conduit la charrue, tenu la truelle, manié le rabot ou l'équerre !!!!

De votre part, ce n'est pas, ce ne peut être une idée sérieuse.

Ce serait méconnaître le droit de l'intelligence.

Ce serait la déchéance de la supériorité.

Ce serait la décadence de la France.

Ce serait l'ignorance en haut et le savoir en bas.

Ce serait le rétablissement des catégories.

Ce serait l'antagonisme des classes.

Ce serait la rupture de la digue gouvernementale.

Ce serait le débordement du flot populaire.

Ce serait l'avénement de la vile multitude.

Comment, alors, contenir ses exigences ? Comment prévenir ses excès ? Comment réparer ses fautes ?

Je réponds :

C'est une idée mûrie par neuf mois de méditations.

C'est une idée puisée dans la conviction profonde où je suis qu'il ne reste plus à la France, dangereusement comprimée, d'autre alternative que le choix entre deux révolutions : l'une, sanglante et inexorable, par l'insurrection; l'autre légale, mais radicale, par l'élection.

C'est parce que je repousse l'une que je propose l'autre.

Si le moyen que je propose n'est pas bon, indiquez-m'en donc un meilleur, un plus sûr, un plus simple, d'accomplir les réformes tant de fois jurées et jamais réalisées, telles que la suppression de la conscription et des impôts indirects, solennellement promise en 1814 par les Bourbons, à leur rentrée en France; non moins solennellement promise, en 1815, par l'empereur Napoléon, à son retour de l'île d'Elbe.

S'il existe dans vos rangs un Robert Peel, nommez-le-moi, je l'appuierai.

S'il ne s'y trouve pas, laissez-moi chercher ailleurs l'homme à qui l'impérieuse nécessité de sa position tiendra lieu d'incontestable supériorité d'esprit.

Mais, d'abord qu'appelez-vous supériorité ?

Est-ce un grand talent d'orateur ?

Est-ce un grand talent d'écrivain ?

Est-ce un grand talent d'historien ?

M. Thiers, orateur, écrivain, historien, a été deux fois président du conseil des ministres : qu'a-t-il fait ?

M. Guizot, historien, écrivain, orateur, a été, de 1840 à 1848, premier ministre : de ces huit années, qu'a-t-il fait ?

M. de Lamartine, écrivain, orateur, historien, a tenu les destinées de la France pendant les quatre mois qui se sont écoulés entre le 25 février et le 25 juin 1848 : lui-même, de ces quatre mois si précieux, qu'a-t-il fait ?

Je vous le demande.

Par ce mot : supériorité, définissez-moi donc ce que vous entendez !

Moi, j'entends toute aptitude élevée à une haute puissance, mais une aptitude spéciale, celle qui est nécessaire et féconde, et non celle qui est superflue et stérile.

La supériorité du pilote n'est pas celle du poëte; la supériorité de l'architecte n'est pas celle du diplomate; la supériorité du critique n'est pas celle de l'artiste; la supériorité de l'homme des champs n'est pas celle de l'homme des salons.

Qu'y a-t-il à faire ?

La société est une pyramide dont le sommet est la propriété et dont la base est le travail.

Il y a à replacer la pyramide sur sa base.

Rien de plus facile que de la faire tenir sur sa base; rien de plus difficile que de la faire tenir sur son sommet.

Aussi tous ceux qui l'ont essayé ont-ils échoué.

Assise d'aplomb sur sa base, la pyramide se consolide d'elle-même par sa propre pesanteur; posée en équilibre sur son sommet, cette pesanteur devient un

obstacle invincible sans le concours permanent d'é-
chafaudages exigeant l'emploi de toutes les puissances mécaniques.

C'est ce que vous dira le premier maçon ou le premier charpentier que vous consulterez.

Que faut-il?

Un homme de bon sens qui craigne moins de dé-
plaire aux travailleurs qui l'auront sympathiquement
élu qu'aux oisifs qui l'auront dédaigneusement repoussé.

Un homme de cœur qui fasse passer dans ses préoc-
cupations ceux qui n'ont pas le nécessaire avant ceux
qui ont le superflu, et qui ne s'imagine pas que toute
la France réside dans une seule ville : Paris.

Un homme de réparation dont l'extraction démocratique soit à elle seule un mandat impératif. Un
homme de progrès qui n'ait pas l'idolâtrie de l'impôt
tel qu'il est établi ; le culte des abus tels qu'ils se sont
perpétués ; le respect des traditions bureaucratiques
telles qu'elles ont réussi à retarder tous les progrès
sociaux.

Si cet homme de paix est nécessaire, indispensable,
où y a-t-il le plus de probabilités qu'on le trouvera ?

Est-ce parmi les anciens ministres ?

Est-ce parmi les orateurs ?

Est-ce parmi les écrivains ?

Est-ce parmi les avocats ?

Est-ce parmi les généraux ?

Est-ce parmi les princes ?

Vous qui repoussez l'ouvrier d'Etat que je présente,
désignez-moi donc l'homme d'Etat que vous proposez.

L'élu du 10 décembre 1848 n'étant pas rééligible le
10 mai 1852, il faudra, de toute nécessité, lui donner
un successeur.

Qui comptez-vous choisir?

Si ce n'est pas un symbole, mais un nom; si ce
n'est pas une idée que vous incarnez, mais un candidat que vous choisissez pour lui-même, vous devez le
connaître; il doit être connu. Qui est-ce?

Si ce n'est pas un nom, mais un symbole, quel symbole plus vrai que celui qui s'est offert à mes yeux?
Le Travail!

Reconnaissez donc que l'idée est sérieuse, très sérieuse; de plus sérieuse, il n'en est pas.

Ce serait, dit-on, méconnaître le droit de l'intelligence. L'intelligence est-elle donc bannie des rangs
de ces dix millions de travailleurs, à qui la France
doit tous les progrès de son agriculture, de son industrie et de son commerce? Y a-t-il donc incompa-
tibilité entre le travail manuel et le travail intellec-
tuel? Est-il bien sûr que tels généraux, que je ne veux
pas nommer, en sachent plus relativement à la politique de l'avenir que tels ouvriers que je pourrais ci-
ter? La question du travail n'est-elle pas celle qui résume et domine toutes les autres questions : — Question d'affermissement de la paix ; question de réduction des dépenses de la guerre ; question de réciprocité
des échanges; question de liberté des mers; question
des détroits; question des débouchés; question des
banques et du crédit; question de la circulation sous
toutes ses formes les plus économiques, les plus rapides,
les plus parfaites? Est-ce dans les rangs des avocats qui
plaident ou des magistrats qui jugent, qu'on va choisir les colonels qui se battent et les généraux qui
commandent? Non. Qu'y aurait-il donc de singulier à
charger un travailleur d'interroger le travail pour
savoir ce qu'il lui manque et ce qu'il lui faudrait.
Pourquoi donc serait-ce la décadence de la France?
Moi, je crois que ce serait le contraire; je crois que ce
serait pour la France l'ère d'une grandeur nouvelle,
et d'une prospérité véritable.

Ce serait, ajoute-t-on, l'ignorance en haut et le savoir en bas. Oui, cela est vrai : en bas on ignore ce
qu'on sait en haut ; mais aussi en haut on ignore ce
qu'on sait en bas. Dites-le, dans l'intérêt du plus
grand nombre : Qu'est-ce qu'il importe le plus de
savoir? Est-ce ce que l'on sait en bas ou ce que l'on
sait en haut ?

Ce serait, poursuit-on, le rétablissement des catégories et l'antagonisme des classes. C'est ce que je nie
positivement. Au contraire, c'est l'unique moyen d'é-
chapper aux classifications de partis, aux rivalités
d'opinions, aux dissidences d'écoles, aux prétentions
de journal, aux récriminations du passé. Si l'on n'éli-
sait pas un ouvrier de profession, on élirait un homme
de parti; croit-on que ce serait plus favorable à l'a-
paisement des passions et à la pacification des idées?

Je suppose qu'en 1852 on nomme président de la
République le général Cavaignac ou le général Changarnier;

Du premier on ne manquerait pas de rappeler que
c'est la créature du *National* et le dictateur qui a porté,
en 1848, les premiers et les plus rudes coups à la République, à la Liberté et à la Justice.

Du second on dirait certainement que c'est le Monck
français et le précurseur de la monarchie.

Lamartine a laissé passer son tour en 1848. L'heure
de Washington a sonné; le temps de Jefferson est venu. La démocratie ne peut plus attendre. La vieille
société s'écroule; les efforts qu'on emploierait à l'é-
tayer seraient des efforts perdus. Il faut construire à
neuf et se hâter, si l'on veut échapper au risque d'être
enseveli sous des ruines.

Lamartine ce serait trop tard.

Victor Hugo ce serait trop tôt.

Victor Hugo pourra être le couronnement de l'édifice
démocratique ; il n'en saurait être la voûte.

Une telle besogne exige de plus rudes mains.

On prétend enfin que ce serait la rupture de la
digue gouvernementale et le débordement du flot populaire; je prétends qu'au lieu de rompre la digue
ce serait la fortifier.

Le peuple n'a jamais moins d'exigence qu'alors qu'il
a beaucoup de confiance.

Qu'il puisse être confiant et il ne sera pas exigeant.

Qu'on ne l'arrête pas, qu'on l'encourage.

Qu'on l'élève, qu'on ne l'abaisse pas.

Après tout, de quoi se composent effectivement les
armées? N'est-ce pas de soldats? Qui porte plus
haut qu'eux le courage, la vertu, l'esprit de sacrifice?
Qui monte à l'assaut? Qui défend le drapeau? Qui
tombe enveloppé dans ses plis et qui meurt plutôt que
de se le laisser enlever?

Le travail est une transformation de la guerre :
c'est la guerre à la misère; le même point d'honneur
peut s'y transporter avec cette seule différence qu'au
lieu d'être la solidarité dans la gloire, ce soit la solidarité dans le bien-être.

Que l'on n'en croie! il n'y a que l'océan démocratique qui soit assez profond pour noyer toutes les dis-
sensions fomentées par trois révolutions, toutes les illu-
sions déçues et toutes les ambitions déchues.

Aussitôt que le travailleur pourra dire ce que disait
le roi Louis XIV et ce que répéta l'empereur Napoléon : *L'Etat, c'est moi*, son esprit s'étendra et s'élè-
vera. Il n'aura plus qu'une pensée: La grandeur et
la prospérité de la France.

Veilles, études, sacrifices ; rien ne lui coûtera, ca,

il se dira qu'il travaille pour lui-même, pour le triomphe de sa cause, pour l'ennoblissement de son origine, pour le bonheur de sa race: qu'il n'est plus sujet, mais véritablement souverain.

O détracteurs de l'idée que j'ai émise, si vous ne voulez pas ramener la France au 25 juillet 1830, indiquez donc à la présidence de la République une autre candidature qui ait une signification plus élevée, un sens plus profond, une portée plus lointaine, qui soit à la fois plus noble et plus démocratique, plus radicale et plus pacifique!

Cherchez parmi tous les noms!

Vous ne trouverez pas un nom.

Tant mieux.

Car un nom vaudrait moins qu'un symbole.

Pour symbole prendre le Travail, c'est aller par le chemin le plus droit, conséquemment le plus court, au but marqué par la civilisation : — le Bien-être universel.

ÉMILE DE GIRARDIN,
Représentant du peuple.

DU CHOIX D'UN CANDIDAT

A LA PRÉSIDENCE DE LA RÉPUBLIQUE.

I.

Il importe au parti démocratique d'examiner dès à présent toutes les questions qui ont rapport au meilleur choix possible d'un candidat à la présidence de la République.

Avant de prendre une décision aussi grave, qui doit exercer une si grande influence sur les destinées prochaines de la démocratie, il faut s'éclairer; or, pour s'éclairer, il faut examiner et discuter.

Les candidats qui nous seront opposés par la Réaction seront, sans doute, très connus en raison de leur naissance princière ou de leur longue participation aux affaires publiques. Il est donc nécessaire que le nom du candidat républicain à la présidence soit discuté, répandu par la presse, et fortement débattu dans les conversations, afin que ce nom devienne familier même à la partie de la population la plus ignorante en politique.

La raison, surtout, qui doit décider le parti républicain à examiner et à résoudre promptement les questions qui ont pour objet le choix d'un candidat à la présidence, c'est la nécessité de ne point encourir la responsabilité d'une candidature de nature à effrayer les esprits et à donner ainsi plus de force aux desseins inconstitutionnels de la réaction.

Il ne peut y avoir qu'une opinion parmi tous les républicains sincères sur la nécessité de n'avoir qu'un seul candidat à la prochaine élection du président de la République.

La division du parti républicain serait, dans cette circonstance, un immense danger pour la République.

Il faut donc que chaque nuance du parti républicain, tout en désirant le choix d'un candidat qui réponde le mieux à ses vues, se préoccupe, avant tout, des conditions qu'il devra réunir pour avoir le plus de chances possibles de succès.

Il importe que le candidat qui offrirait des garanties aux républicains, aux socialistes, puisse aussi conquérir la sympathie, ou au moins l'adhésion de cette portion nombreuse et influente de la petite bourgeoisie qui, tout en acceptant la République, repousserait avec passion une candidature qu'elle regarde-

rait comme menaçante pour l'ordre.

S'il est indispensable, pour le succès, que le candidat, par ses opinions, par ses actes antérieurs, ne soulève la répulsion d'aucune fraction du parti démocratique, il est non moins indispensable qu'il ne soit pas une incapacité, une nullité, mais qu'il possède au contraire une haute valeur reconnue par tous ceux qui, s'occupant plus particulièrement de politique, exercent une influence prépondérante dans les élections; il faut que le choix du parti républicain tombe sur un homme qui paraisse, par son caractère, par son expérience, par son aptitude aux affaires, digne de la haute mission à laquelle l'élection populaire l'appellerait.

Mais est-il possible de trouver un candidat qui remplisse de telles conditions?

Qu'on passe en revue les noms des représentants qui ont pris part aux débats des assemblées, et on en trouvera dont le caractère est honoré de tous, qui n'excitent aucune répulsion ni dans la portion avancée, ni dans la portion modérée du parti républicain, qui éveillent, au contraire, généralement la sympathie; qui, dans les discussions sur la Constitution et les lois organiques, ont fait preuve de connaissances approfondies; qui, dans les questions d'affaires, ont conquis une grande autorité et obtenu l'estime même de nos adversaires politiques.

Un éminent publiciste a mis en avant l'idée de porter un candidat ouvrier. Nous croyons que cette idée est malheureuse, qu'elle va en sens contraire du but que veut atteindre son auteur.

Assurément le promoteur de cette candidature a la prétention et l'espérance de rallier les voix de la grande majorité des travailleurs; il espère faciliter ainsi l'avènement des classes laborieuses au pouvoir et aux fonctions publiques. Cette dernière pensée est essentiellement démocratique, mais elle ne pourrait être plus sûrement compromise que par le choix même d'un ouvrier comme candidat à la présidence.

Avant la révolution de 1789, les hautes fonctions publiques étaient l'apanage d'une classe de privilégiés; un simple soldat ne pouvait espérer de devenir général; la révolution a renversé les obstacles à l'avancement, et depuis, beaucoup de simples soldats sont devenus généraux.

Si l'on eût pris à tâche de discréditer cette légitime innovation réalisée par la démocratie, quel eût été le meilleur moyen? Il n'y en aurait pas eu de meilleur, à notre avis, que d'élever subitement, surtout en temps de guerre, de simples soldats au grade de général. N'y a-t-il pas, en effet, mille à parier contre un, que ces généraux improvisés, dépourvus de l'expérience acquise dans les grades intermédiaires, auraient exposé nos armées à d'horribles défaites, notre pays à d'épouvantables dangers?

Qu'on se représente quelle réaction se serait alors opérée dans les esprits contre l'élévation de simples soldats aux grades supérieurs!

Eh bien! supposons, pour un instant, que le parti républicain se rallie à l'idée de porter un candidat ouvrier à la présidence; supposons que le peuple vote pour cet ouvrier; supposons même que la bourgeoisie ne voie pas avec trop de répugnance, trop d'effroi cette candidature, supposons enfin que le candidat soit élu président. Le voilà installé au pouvoir; il faut, pour qu'il puisse remplir la fonction de chef du pouvoir exécutif, qu'il en comprenne bien tous les devoirs, toutes les nécessités; admettons que son intelligence supplée à son inexpérience; le chef du pouvoir exécutif a pour mission, d'après la Constitution en vertu de laquelle il aura été nommé, qu'il devra respecter, non de faire des lois, mais d'appliquer les lois votées par l'Assemblée, de garantir aux citoyens la sécurité dans leurs personnes et leurs propriétés; de réprimer toutes les tentatives des factions royalistes contre les institutions démocratiques, alors même qu'elles déguiseraient leurs attaques sous le manteau d'un radicalisme exagéré. Il ne suffit pas, au président de la République pour remplir sa mission, de bien la comprendre; il faut qu'il s'entoure d'agens qui aient toute sa confiance, dont il ait pu, par conséquent, parfaitement apprécier le caractère, la capacité, les aptitudes. Or, l'ouvrier élu président, n'aura eu que peu ou point de relations avec les hommes politiques, il choisira donc en aveugle les hauts fonctionnaires, ou bien il appellera ses anciens camarades de travail; mais à moins de vouloir les flatter, on ne peut dire que ces ouvriers seront instantanément aptes au gouvernement. L'administration d'un grand pays comme la France exigeant des connaissances spéciales, des études préalables, ne peut être confiée au premier venu.

Les objections que nous élevons contre le choix d'un ouvrier comme candidat à la présidence ne signifient pas, qu'à nos yeux, des hommes qui sont aujourd'hui ouvriers, laboureurs, simples soldats, ne puissent un jour occuper les plus hautes fonctions civiles ou militaires; mais afin que cette accession des classes ouvrières aux fonctions publiques ait lieu utilement pour la démocratie et dignement pour le peuple, il faut qu'elle s'opère progressivement, sérieusement; il faut qu'un citoyen soit appelé à remplir une fonction publique non pour sa naissance, non pour sa profession, mais parce qu'on lui connaît l'aptitude nécessaire. En un mot, nous croyons qu'il serait aussi mauvais de confier des fonctions publiques à des ouvriers parce qu'ils sont ouvriers, qu'il l'a été d'accepter comme chefs du gouvernement ou fonctionnaires des princes ou des nobles par la raison qu'ils étaient princes ou nobles.

Si l'on veut établir la vraie démocratie, il ne faut point diviser les citoyens en castes.

Nous signalons le danger du succès de la candidature d'un ouvrier; mais le succès serait-il possible? les inconvéniens que nous venons d'énumérer et qui sautent à tous les yeux n'éloigneraient-ils pas les hommes qui veulent un gouvernement régulier, capable de protéger efficacement tous les intérêts légitimes?

On espère provoquer, en faveur d'un ouvrier, l'enthousiasme de la masse des travailleurs. Jusqu'ici, malheureusement, l'enthousiasme populaire, surtout dans les campagnes, ne s'est guère manifesté que pour des princes.

Sans doute les ouvriers des grandes villes, pénétrés depuis longtemps des idées les plus radicales, froissés, irrités par les souffrances qu'ils ont endurées sous la domination des classes privilégiées, accepteraient avec bonheur la candidature d'un ouvrier s'ils en espéraient le succès. Mais en est-il de même de l'immense majorité des travailleurs des campagnes qui sont les premiers à déclarer qu'ils n'entendent rien à la politique; qui se font instinctivement une haute idée du chef du gouvernement; qui attribuent à sa volonté tout ce qui se fait; qui comptent sur lui pour toutes les améliorations qu'ils désirent? Peut-on espérer qu'on les entraînerait surtout dans les départe-

mens où l'esprit démocratique n'est point encore tout puissant à voter pour un simple travailleur comme eux?

Incontestablement, une pareille candidature soulèverait l'opposition de presque toute la bourgeoisie. Or, ignore-t-on quelle est encore son influence de direction sur les masses? Veut-on donc l'avoir pour adversaire? Cela est-il prudent? Cela est-il juste?

Loin de traiter la bourgeoisie, la petite bourgeoisie surtout, en adversaire de la démocratie, il faut la considérer comme le soutien le plus ferme pendant bien longtemps encore, d'institutions qui, si elles ne sont pas la démocratie pure, y conduisent invinciblement. Plus éclairée que la masse du peuple, la bourgeoisie a plus de fixité dans ses opinions et ne consentirait jamais, égarée par un fol enthousiasme, à se laisser dépouiller, au profit d'un soldat heureux, d'un despote, de sa légitime participation à la gestion des affaires publiques.

Deux autres candidats sont plus ou moins dans les esprits, mais comme ils n'ont point encore été mis en avant pour la prochaine élection, nous n'en dirons que quelques mots.

L'un, malgré son dévouement à la République, ses hautes qualités morales, sa grande capacité, aurait peu de chances de se faire accepter de la plus grande fraction du parti démocratique, du parti socialiste, à cause de l'impopularité qu'a déversé sur son nom l'appui hypocrite que lui a donné, pendant un certain temps, la Réaction et le rôle qu'il a rempli dans une circonstance fatale.

Cette candidature abandonnée, repoussée par le plus grand nombre des démocrates, en ferait surgir une seconde qui pécherait en sens contraire, c'est-à-dire par un excès de radicalisme, et toutes deux se dépréciant l'une l'autre dans l'esprit des populations conduiraient le parti démocratique à une écrasante défaite.

Le second candidat qui préoccupe plus ou moins les esprits, malgré son grand talent d'orateur, n'a point inspiré une confiance assez générale dans la fermeté de son caractère, dans la netteté de ses vues, pour que sa candidature ne soulève pas les plus vives appréhensions, même de la part d'un grand nombre de démocrates. Mais le principal obstacle à l'adoption de cette candidature serait de fournir un prétexte à d'autres candidatures inconstitutionnelles.

Quel que soit le candidat désigné, alors même que le choix n'en serait pas le meilleur possible, il importe que la désignation soit faite de manière à établir la discipline la plus rigoureuse dans les rangs du parti républicain et assez tôt pour que la propagande ait le temps de produire tout son effet.

Du moment où l'on sent la nécessité d'un candidat unique, il est évident qu'il faut admettre le concours de toutes les nuances républicaines à la désignation de ce candidat.

On y peut arriver par plusieurs moyens :

Un conclave composé de délégués nommés à Paris;

Un congrès de délégués nommés par toute la France;

La réunion de tous les représentans du peuple qui défendent la démocratie.

Un conclave composé, comme il le serait infailliblement, des élémens les plus ardens de la démocratie de Paris, choisirait un candidat qui, comme en 1848, tout en obtenant une grande majorité dans le comité et paraissant aux membres de ce comité un candidat modéré, n'obtiendrait qu'une infime minorité dans le pays. Il faut savoir mettre à profit les leçons de l'expérience.

Un congrès de prétendus délégués de toute la France ne pourrait jamais être non plus composé que des élémens les plus ardens de la démocratie, les élections de ces délégués ne seraient pas très sérieuses et, d'ailleurs, vu les obstacles apportés au droit de réunion, on ne pourrait ainsi désigner le candidat à la présidence assez à temps pour propager d'une manière suffisante sa candidature.

Par ces motifs, nous demanderions que les républicains confiassent le soin de désigner le candidat à la réunion de tous les représentans républicains de l'Assemblée; nous proposerions de considérer comme dignes de cette mission tous les représentans républicains qui ont voté contre la loi du 31 mai.

Les représentans, impropres à former un comité pour désigner les candidats à la représentation nationale, sont les délégués de la démocratie les plus naturels, les mieux placés pour désigner le candidat à la présidence.

L'immense majorité des républicains professe l'opinion qu'un président du conseil élu par l'Assemblée et révocable à volonté, serait préférable à un président de la République élu par le peuple. Ce serait donc nous rapprocher autant que possible de cette idée, que de confier aux représentans du peuple le choix du candidat. Quels hommes auraient plus de facilité que les représentans pour délibérer sur ce choix aussitôt que cela serait opportun? Quels hommes pourraient être plus éclairés, mieux renseignés sur l'esprit de toute la France et adopter le candidat qui conviendrait le mieux à la situation?

Si cette adoption avait lieu prochainement, il ne faut pas en douter, tous ceux qui ont à cœur le triomphe de la démocratie se rallieraient énergiquement au candidat qui aurait été ainsi choisi. Les esprits, rassurés par la désignation du candidat républicain, adhéreraient plus fortement à la République; toutes les menées factieuses des partis royalistes pour jeter des inquiétudes dans le pays, pour fomenter des troubles, pour inspirer la terreur de l'avènement d'un socialisme brutal, retomberaient en une écrasante impopularité sur le candidat de la réaction.

Confians dans le résultat de l'application du suffrage universel, tous les hommes de bonne foi, tous les hommes de bon sens qui, éclairés par l'expérience de l'histoire, sont convaincus que toutes les révolutions ont été provoquées par la résistance aveugle des pouvoirs réactionnaires, apporteraient alors leurs concours aux manifestations de l'opinion publique en faveur du rétablissement du suffrage universel, et la majorité de l'Assemblée serait ainsi entraînée à rapporter la loi du 31 mai, à se soumettre au peuple.

GENILLER.

RÉPONSE.

A moins d'une insurrection comprimée qui entraînerait avec elle la République, ou d'une révolution victorieuse qui emporterait avec elle la Constitution, il faudra de toute nécessité élire, le 10 mai 1852, un président de la République.

Ce point est hors de toute discussion.

Il n'est pas contesté.

Mais qui nommera-t-on?

M. Louis-Napoléon Bonaparte est inéligible par la Constitution.

Voter pour lui, ce serait valider les votes donnés à M. Ledru-Rollin, inéligible par une condamnation.

Ce serait allumer l'incendie aux deux extrémités de l'édifice : à la cave et au grenier.

Ce serait ranger en bataille deux armées ennemies.

Ce serait, enfin, la guerre civile.

Si la Bourgeoisie avait l'imprudence de donner ses voix à M. Louis-Napoléon Bonaparte, la « vile multitude, » en se comptant sur le nom de M. Ledru-Rollin, prouverait qu'elle est l'immense majorité.

Que ferait alors l'Assemblée législative, appelée à prononcer?

Oserait-elle, pourrait-elle infirmer l'élection de M. Ledru-Rollin, ayant plus de deux millions de voix, et valider celle de M. Louis-Napoléon Bonaparte ayant un nombre de voix inférieur?

Elle ne l'oserait ni ne le pourrait.

Oserait-elle, pourrait-elle les exclure l'un et l'autre, et, aux termes de l'article 47 de la Constitution, user de son droit d'élire à la majorité absolue et au scrutin secret parmi les cinq candidats ÉLIGIBLES qui auraient obtenu le plus de voix?

Ce serait affronter plus d'un péril.

Il est donc à souhaiter que MM. Louis-Napoléon Bonaparte et Ledru-Rollin soient déclarés, à l'avance, hors de concours, afin que, des deux parts, les voix ne s'égarent pas sur eux.

C'est, je crois, ce qui arrivera.

MM. Louis-Napoléon Bonaparte et Ledru-Rollin écartés, que reste-t-il?

— Un seul candidat.

Moi, je nomme les gens par leur nom, cela rend la discussion plus claire : il reste le général Cavaignac, car on peut être sûr d'avance que la Bourgeoisie timorée ne s'exposera pas à paraître divorcer avec la République en votant pour le général Changarnier.

Le général Cavaignac sera donc, au 10 mai 1852, ce qu'il fut, au 10 décembre 1848, le candidat de la Bourgeoisie, des fonctionnaires et des poltrons de tous les partis, ce qui ne formera pas son moindre appoint.

Mais le candidat du Patrimoine et du Capital sera-t-il le candidat du Travail et de l'Epargne?

Il serait tout aussi sensé de demander si le comte de Chambord se retirera devant le comte de Paris.

Le général Cavaignac aura donc un compétiteur. Quel sera-t-il?

M. Geniller ne veut pas que ce soit un ouvrier d'Etat.

— Pourquoi?

— Parce que, dit-il : « l'administration d'un pays comme la France, exigeant des connaissances spéciales, des études préalables, ne peut être confiée au premier venu. »

— Alors choisissez entre M. Guizot ou M. Thiers; car au point de vue que vous adoptez, c'est l'un ou l'autre qu'il faut proclamer président de la République.

M. Thiers a été six ans, et successivement, ministre du commerce, ministre de l'intérieur, ministre des affaires étrangères; à quoi lui ont servi ses connaissances spéciales, ses études préalables? Comment a-t-il conduit la France?

M. Guizot a été premier ministre et président du conseil de 1840 à 1848; à quoi lui ont servi ses études comme historien, son habileté comme professeur, son talent comme écrivain, sa supériorité comme orateur? Comment a-t-il mené la France?

Quel homme plus instruit, plus expérimenté, plus

éminent M. Geniller choisira-t-il? S'il le connaît par
son nom que ne le dit-il?

Des hommes qui savent parler! Il y en a à l'Assemblée législative sur tous les bancs, mais un homme
qui sache agir, où siège-t-il?

Voilà trente-huit ans qu'on parle pour ne rien dire;
c'est assez. La parole a eu son tour, à l'action le sien.

Tout le vieux édifice croule. Que propose M. Geniller? De délibérer. Moi, je propose d'édifier. Entre
M. Geniller et moi, les hommes de bon sens pronon-
ceront.

Or, pour édifier, ce qu'il faut d'abord, c'est un
homme qui en ait reconnu la nécessité et que le poids
de la tâche ne fasse pas légèrement fléchir.

Que sait de plus qu'un ouvrier, un avocat,
un professeur, un écrivain. L'avocat sait plaider, le professeur sait professer, l'écrivain sait
écrire; mais s'agit-il donc d'écrire, de professer ou de
plaider? Non; ce dont il s'agit, c'est de débarrasser le
passe de ses décombres, c'est de réunir les matériaux
de l'avenir.

Les avocats les plus célèbres, M. de Vatimesnil en
tête, n'ont pas même pu faire la plus pauvre loi sur la
réforme hypothécaire!

Eh bien! c'est un avocat que M. Geniller voudrait
faire asseoir sur le fauteuil de la présidence de la
République.

Je ne connaîtrais à ce choix qu'un seul avantage:
c'est que vraisemblablement cependant je n'en vou-
drais pas jurer il ne viendrait pas à l'idée de cet avocat de pendre un sabre à son côté et de se coiffer un plu-
met sur sa tempe.

Élire un ouvrier ce serait, dit M. Geniller, discréditer l'idée démocratique, car ce serait élever subitement un simple soldat au grade de général.

De pareilles objections peuvent paraître bonnes
quand elles s'adressent à d'autres qu'à moi; mais si
M. Geniller n'en a pas de meilleures à présenter, il
me permettra de lui dire qu'elles ne sont pas sérieuses. Elles ne sont pas même spécieuses.

Du rang de soldat au grade de général, il y a une
série d'échelons qui composent la hiérarchie militaire.
Il y a le caporal, il y a le sergent, il y a le maréchal-
des-logis, il y a l'adjudant sous-officier, il y a le sous-
lieutenant, il y a le lieutenant, il y a le capitaine, il y
a le chef de bataillon, il y a le lieutenant-colonel, il y
a le colonel, il y a le général de brigade; mais du
rang de citoyen français à la fonction de Président
de la République, il n'existe pas d'échelon, que je sache, pas plus pour l'ouvrier que pour l'avocat, le
professeur ou l'écrivain. Être avocat, professeur ou
écrivain, cela équivaudrait-il donc au grade de général de brigade?

M. Geniller s'est laissé tromper par une analogie qui
n'existe pas.

Il ne veut point qu'on nomme président de la République un ouvrier, parce qu'il est ouvrier. *Si l'on
veut*, dit-il, *établir la vraie démocratie, il ne faut
point diviser les citoyens en castes.*

D'accord; mais je suppose que le candidat de M. Geniller dût-être M. Grevy; ne serait-ce donc pas parce
qu'il est avocat qu'on le choisirait? M. Grevy est-il le
premier de son ordre? M. Grevy est-il le plus grand
orateur de l'Assemblée nationale? Non; il ne faut
point diviser les citoyens en castes: mais est-ce donc
les diviser en castes que de choisir un travailleur pour
personnifier le travail, et un membre de la Majorité
pour représenter la Majorité? Les travailleurs ne for-
ment-ils pas les dix-neuf-vingtièmes de la France élec-

torale? Eh bien! je le demande à M. Geniller lui-
même, ce qu'il y a de plus juste, est-ce de choisir le
président de la République dans la masse compacte
qui se compose des dix-neuf-vingtièmes, ou dans le petit groupe qui se compose d'un vingtième seulement?
En d'autres termes, le président de la République doit-
il sortir des rangs de la Majorité, ou doit-il sortir des
rangs de la Minorité? Je conviens que la Minorité résume des connaissances que ne possède pas au même
degré la Majorité, mais la Majorité résume des besoins que n'éprouve pas au même degré la Minorité.
Entre la Majorité et la Minorité, il y a cette différence:
La Minorité a la science du Droit, mais elle n'en a pas
le sentiment; la Majorité a le sentiment du Droit,
mais elle n'en a pas la science. Ce dernier c'est le
vrai Droit, car ce n'est pas la chicane, c'est la con-
science.

» Il faut, dit M. Geniller, *qu'un citoyen soit appelé à
remplir une fonction publique, non pour sa naissance,
non pour sa profession, mais parce qu'on lui connaît
l'aptitude nécessaire.* »

M. Geniller pourrait-il m'indiquer avec précision
quelle est l'aptitude nécessaire aux fonctions de président de la République? Comment se constate-t-elle
préalablement? Où se trouve-t-elle avec certitude? Je
comprendrais l'objection de M. Geniller si elle s'appli-
quait aux fonctions de représentant du Peuple. En
effet, il paraîtrait tout simple que nul ne pût être législateur, s'il n'est déjà jurisconsulte, et que la première condition à remplir pour faire partie de toute
assemblée législative, soit de posséder le diplôme de
docteur en droit. Ce ne serait pas encore assez, car
je ne suis rien moins que d'exiger des connaissances plus va-
riées et plus profondes. Aussi, peut-on affirmer qu'il
n'est pas un seul des 750 membres de l'Assemblée législative, qui soit vraiment à la hauteur de ses fonctions. Mais autre chose est d'être président de la République ou représentant du Peuple.

Le président de la République ne fait pas, il fait
faire; le représentant du Peuple ne fait pas faire, il
fait.

Le représentant du Peuple est au président de la
République, ce qu'est le cuisinier à l'amphytrion, ce
qu'est l'artiste qui exécute le tableau à l'amateur qui
l'achète. Commander un bon dîner est-il, oui ou non,
plus facile que de le faire? Acheter un beau tableau
est-il, oui ou non, plus facile que de l'exécuter?

Au président de la République tel que je le conçois,
il suffit d'intentions droites qui lui servent de boussole, qui ne lui fassent pas prendre le sud pour le septentrion, le faîte pour la base, les intérêts exclusifs du
nombre le plus petit pour les intérêts légitimes du
nombre le plus grand. Que demande-t-on de plus à un
roi? Quelle garantie d'aptitude a-t-on, quand il naît,
qu'il saura gouverner, qu'il sera bon, qu'il sera sensé,
qu'il sera éclairé?

Un président de la République qui s'aviserait tout
bonnement de regarder la Majorité de la France où
elle réside toujours, dans la Majorité électorale, au lieu
de la regarder où elle ne réside jamais, dans la Majorité élue, accomplirait des miracles, eût-il contre lui l'u-
nanimité des représentans du Peuple!

C'est pourquoi j'attache une si grande importance
à l'élection du futur président de la République. Que
cette élection soit ce que j'espère qu'elle sera, et il
importera assez peu que la prochaine Assemblée nationale ressemble plus ou moins à celle dont les pouvoirs
expireront le 28 mai 1852. J'en réponds; les anciens
et nouveaux apostats ne seraient pas à craindre, si le

futur président de la République demeurait inébran-
lablement fidèle au Peuple qui se serait incarné en lui,
s'il en était l'âme! Contre lui, que pourraient-ils?

Rien.

M. Geniller m'objecte que jusqu'à ce jour, l'enthousiasme populaire ne s'est guère manifesté que
pour des princes.

Cela est vrai, mais puisque tous les princes qui se
succèdent, se ressemblent, qu'y a-t-il à faire? — Renverser l'échelle, mettre en bas le bout qui était en
haut et mettre en haut le bout qui était en bas. M. Geniller croit qu'il vaut mieux laisser l'échelle telle
qu'elle est posée, mais seulement qu'on doit se placer
au milieu.

C'est le moyen de n'avoir ni base, ni faîte, ni prestige ni garantie.

Au peuple, il faut un nom ou une idée.

M. Geniller écarte l'idée et exclut le nom.

C'est, à mon sens, une erreur grave.

Quand au mode de désignation du candidat que
M. Geniller indique, je n'y fais aucune objection.

Que les 241 représentans du Peuple qui ont voté la
loi du 31 mai acceptent la responsabilité de l'initiative, et je l'affirme d'avance, le nom qui sortira de
l'urne préparatoire sera le nom d'un ouvrier, car tout
autre nom serait le triomphe d'un parti et conséquemment l'échec du parti rival.

Qu'on le sache bien!

La candidature de l'ouvrier d'Etat à la présidence
de la République n'est pas une idée qui m'appartienne,
pas plus que n'appartient au pilote la rade qu'il voit
de loin alors que les matelots ne l'aperçoivent pas encore.

J'ai regardé et j'ai vu.

Voilà tout.

ÉMILE DE GIRARDIN,
Représentant du peuple.

II.

Permettez-moi de reprendre une à une les objections que vous m'avez faites et d'essayer d'y répondre.

Mais, d'abord, veuillez recevoir l'expression de la
gratitude que m'inspirent la généreuse hospitalité et
surtout la discussion si bienveillante que vous avez
accordées à mes idées.

« Le général Cavaignac sera, dites-vous, au 10 mai
1852 ce qu'il fut au 10 décembre 1848, le candidat de la
bourgeoisie, des fonctionnaires et des poltrons de tous les
partis.

» Mais le candidat du patrimoine et du capital sera-t-
il le candidat du travail et de l'épargne?

» Il serait aussi sensé de demander si le comte de
Chambord se retirera devant le comte de Paris.

» Le général Cavaignac aura donc un compétiteur.
Quel sera-t-il? M. Geniller ne veut pas que ce soit un ouvrier d'état. »

Je ne crois pas que la question, quant à présent, du
moins, doive être ainsi posée.

Il est vrai que le général Cavaignac, qui, en 1848,
avait tant fait pour obtenir l'appui du parti conservateur, paraît encore aujourd'hui, par ses dédains af-
fectés envers les socialistes, par ses démonstrations de
piété, agir dans la même prévision.

Il se pourrait aussi qu'après avoir constaté leur impuissance contre la République, les partis royalistes,
sous l'impression de la peur, abandonnant honteusement leur drapeau, vinssent se ranger de nouveau
sous la bannière des *républicains honnêtes et modérés*.

La prudence leur commanderait cette conduite.

Dans ce cas, sans aucun doute, il y aurait un candidat socialiste opposé au général Cavaignac, candidat conservateur.

Mais, l'histoire le démontre, la veille des révolutions, le parti conservateur, le parti des égoïstes, le
parti des poltrons est aveugle. Il n'est sensible à la
lumière, il n'est ébloui par la lumière que le lendemain des révolutions.

Il me paraît donc aussi prématuré déraisonner aujourd'hui d'après vos données qu'il le serait de raison-
ner de la conduite à tenir dans la supposition d'une
révolution victorieuse ou d'une insurrection comprimée.

Je ne vois aujourd'hui que deux grands partis : les
royalistes, les républicains.

Ces deux partis existeront-ils encore la veille de
1852?

Tenant compte de l'orgueil et de l'aveuglement des
partis, je le crois.

Partant alors de la donnée qu'en 1852 le parti républicain se trouvera en présence de la coalition des
partis royalistes, quelle conduite tenir?

L'union, la discipline la plus rigoureuse, telle est la
loi qu'impose aux républicains la fusion des partis monarchiques.

Le général Cavaignac peut-il être le candidat unique du parti républicain?

Le général Cavaignac, outre le poids de son passé,
ayant eu le tort de trop s'identifier avec la politique
d'un seul organe du parti républicain, a peu de chances, quel que soit le mode adopté pour la désignation
du candidat, d'être ce candidat.

Le général Cavaignac, abandonné par le parti conservateur, repoussé par l'immense majorité du parti
démocratique, s'exposerait-il à l'humiliant échec subi
en 1849 par M. Marrast?

Le jugement, la dignité, les convictions républicaines de M. Cavaignac, les conseils même d'une ambition que je crois légitime, parce que je la crois
loyale, sont de sûrs garans que le général Cavaignac
ne s'exposerait jamais à une semblable humiliation.

J'écarte donc l'hypothèse qu'un compétiteur sera
opposé, en 1852, par le parti socialiste au général
Cavaignac, candidat de la bourgeoisie.

Non, en 1852, la France ne sera point divisée en
deux castes : la bourgeoisie d'une part, les travailleurs
de l'autre.

Les dernières élections de Paris le prouvent : la fraction intelligente de la bourgeoisie restera avec les travailleurs pour le triomphe d'un candidat républicain
socialiste.

« M. Geniller ne veut pas que l'on choisisse pour candidat un ouvrier d'état.

» Pourquoi?

» Parce que, dit-il, l'administration du pays comme la
France exigeant des connaissances spéciales, des études préalables, ne peut être confiée au premier venu.

» Alors, choisissez entre M. Guizot et M. Thiers. »

Si je croyais qu'il n'y a rien à faire si ce n'est de rétablir les institutions monarchiques; si, dépourvu de
cœur, de sympathie pour les souffrances de mes sem-

blables, mon intelligence se refusait à l'étude des idées nouvelles et repoussait tout projet d'amélioration comme une ridicule utopie; selon que je serais un de ces bourgeois de naissance qui ont plus d'orgueil que de vanité, qui tiennent plus à la considération qu'au faste, qui daignent quelquefois accorder leur protection aux *classes inférieures*; ou l'un de ces heureux parvenus qui ont plus de vanité que d'orgueil, qui tiennent plus au faste qu'à la considération, qui affichent leur mépris pour la *vile multitude*, j'inclinerais pour M. Guizot ou pour M. Thiers. Je m'arrêterais à celui des deux qui aurait le plus de chances de succès. Mais dans aucun cas, je ne proposerais pour le triomphe des idées de conservation d'aller prendre comme candidat un membre obscur et inexpérimenté du parti conservateur.

Républicain socialiste, je propose de choisir parmi les républicains socialistes, pour chef du pouvoir éxécutif, le plus capable de bien remplir cette haute et difficile mission.

« Que propose M. Geniller? de délibérer. Moi je pro-
» pose d'édifier.
» Or, pour édifier, ce qu'il faut d'abord c'est un homme
» qui en ait reconnu la nécessité, et que le poids de sa
» tâche ne fasse pas légèrement fléchir. »

Je ne propose ni de délibérer ni d'édifier. Telle n'est point la mission du président de la République.

A l'Assemblée de délibérer et d'édifier, au président de veiller à l'exécution des lois, à la bonne administration du pays.

Vous proposez d'édifier! ce dont il s'agit, dites-vous, c'est de débarrasser le passé de ses décombres, c'est de réunir les matériaux de l'avenir! Et pour accomplir une œuvre aussi colossale vous prenez un ouvrier d'État!

Entendons-nous: quel sera le réformateur, le législateur, sera-ce le président? sera-ce l'Assemblée?

Comment conciliez-vous le rôle de Solon, de Lycurgue, d'édificateur de votre futur président avec ces paroles:

« M. Geniller pourrait-il m'indiquer avec précision
» quelle est l'aptitude nécessaire aux fonctions de pré-
» sident de la République? Comment se constate-t-elle
» préalablement? ou se trouve-t-elle avec certitude? Je
» comprendrais l'objection de M. Geniller si elle s'appli-
» quait aux fonctions de représentant du peuple. Mais
» autre chose est d'être président de la République, autre
» chose est d'être représentant du peuple.
» Le président de la République ne *fait* pas, il *fait*
» *faire*, le représentant du peuple ne *fait pas faire*, il
» *fait*. »

Voulez-vous dire que le président de la République sera à l'Assemblée, ce que Napoléon était au Conseil d'état?

Mais les membres de cette assemblée n'auront pas été choisis par le président, ne seront pas révocables par le président.

Voulez-vous dire que l'ouvrier devenu président imposera à l'Assemblée des ministres de son choix; qu'il exercera une pression telle sur l'Assemblée qu'elle sanctionnera tous les projets de loi qu'il lui fera présenter?

Soit, admettons cette vue, malgré ce qu'elle a de contraire à la Constitution, malgré les menaces de conflit dont elle est pleine.

Pour que cet ouvrier président puisse imposer une direction à l'Assemblée, n'accorderez-vous pas qu'il devra être un homme supérieur, sachant ce qu'il veut, ayant un plan de réforme sociale?

Or, du moment où vous proposez d'aller choisir le candidat parmi une multitude innombrable de compétiteurs ayant tous à peu près des titres égaux; comme cette désignation ne pourra pas être faite par deux ou trois personnes ayant pu apprécier le jugement de l'ouvrier, mais par une nombreuse réunion ne connaissant que très-imparfaitement les titres des différens compétiteurs à la candidature, ne voyez-vous pas, dans de telles conditions, des chances nombreuses pour un choix malheureux?

Si le choix tombait sur un ouvrier d'un esprit faux, étroit, orgueilleux, entêté, car il s'en trouve ainsi même parmi les ouvriers, à quels dangers n'auriez-vous pas exposé la cause démocratique?

Le danger serait d'autant plus grand que l'ouvrier élu président, ayant contracté vis-à-vis de ses électeurs une responsabilité immense, se croirait tenu d'agir promptement, vigoureusement.

Admettons que l'ouvrier élu président soit doué d'un jugement sain, d'un caractère ferme, d'une grande intelligence.

Certes, il existe un bien grand nombre de tels ouvriers.

Par sa situation même, cet ouvrier n'ayant pu consacrer tout son temps à labourer le champ des idées, sera sous l'empire d'une conviction d'autant plus énergique, qu'il aura moins comparé les systèmes. Pour tout dire, il y a bien des probabilités pour que cet ouvrier soit un communiste des plus ardens.

Eh bien! n'est-il pas à craindre qu'élu président, il ne soit impatient de réaliser son utopie, et que les objections, les obstacles, tout ne soit attribué par lui à la mauvaise foi, au mauvais vouloir?

Vous avez fait nommer un prince président, vous nous proposez maintenant un ouvrier. Les extrêmes se touchent. Craignez que la gestion de l'ouvrier, malgré ses bonnes intentions, ne soit plus malheureuse encore que ne l'a été celle du prince de votre choix.

« Elire un ouvrier, ce serait, dit M. Geniller, discrédi-
» ter l'idée démocratique, car ce serait élever subitement
» un simple soldat au rang de général.
» Du rang de soldat au grade de général il y a une
» série d'échelons: mais du rang de citoyen français à la
» fonction de président de la République, il n'existe pas
» d'échelons que je sache, pas plus pour l'ouvrier que pour
» l'avocat, le professeur ou l'écrivain. Etre avocat, profes-
» seur ou écrivain, cela équivaudrait-il donc au grade de
» général de brigade?
» M. Geniller s'est laissé tromper par une analogie qui
» n'existe pas. »

Comment! il n'existe pas d'échelons du rang de citoyen français à la fonction de président de la République!

Mais le conseiller municipal, le maire d'une commune, le conseiller général, le sous-préfet, le préfet, le membre du conseil d'état, le représentant du peuple, le chef de bureau, le sous-secrétaire d'état, le ministre, le vice-président de la République ne sont-ce pas des échelons? N'existerait-il pas d'échelons parce que la loi n'exige pas qu'on ait passé par toutes ces fonctions intermédiaires pour être éligible à la fonction de président de la République? Mais si la loi n'exigeait pas qu'on eût passé par tous les grades intermédiaires avant d'être promu au grade de général l'analogie n'existerait-elle pas?

Après la révolution de 1792, pendant la première fougue démocratique on a élevé de simples soldats au grade de général; mais sous leur commandement nos troupes ayant été écrasées même par les insurgés indisciplinés de la Vendée, on a senti le besoin de revenir aux hommes expérimentés.

Toute loi restrictive a pour première cause un abus : prenez garde que le triomphe de votre idée ne fasse introduire dans la législation des conditions d'éligibilité à la présidence !

Point de lois restrictives de la liberté des suffrages ! Mais alors que le bon sens des électeurs les rende inutiles !

Oui, il serait prudent, pour éviter les chances d'un mauvais choix, que les électeurs assimilassent volontairement au grade de général de brigade, lors de l'élection d'un président, non les professeurs, non les avocats, non les écrivains pas plus que les princes ou les ouvriers, mais les représentans du peuple, les ministres ou anciens ministres, les plus hauts fonctionnaires, enfin les hommes expérimentés en administration, rompus à la pratique.

J'accorde que, même avec ces conditions, le choix tombera difficilement sur un homme capable de bien remplir cette mission. Mais, parce qu'un homme d'une grande intelligence, d'une grande expérience, pourrait être insuffisant pour l'accomplissement de cette tâche, est-ce donc là une raison pour conclure qu'un homme ignorant et inexpérimenté s'en acquitterait mieux !

Je le reconnais, l'avènement du parti démocratique est trop récent pour qu'il puisse remplir aisément dans ses choix ces conditions d'éligibilité dans toutes les circonstances, dans tous les ordres de fonctions ; mais c'est à cela surtout qu'il faut attribuer sa faiblesse. Sa cause est la plus juste : aussitôt qu'il comptera dans son sein un nombre suffisant d'hommes expérimentés, la victoire ne lui sera plus disputée»

« Si l'on veut, dit-il, établir la vraie démocratie, il ne faut point diviser les citoyens en castes.

» D'accord, mais je suppose que le candidat de M. Geniller doit être M. Grevy, ne serait-ce donc pas parce qu'il est avocat qu'on le choisirait? M. Grevy est-il le premier de son ordre? M. Grovy est-il le plus grand orateur de l'Assemblée nationale? »

Je n'ai d'autre candidat que celui que désigneront les chefs naturels de la démocratie, c'est-à-dire les représentans du peuple républicains ; admettons donc que leur choix tombe sur M. Grevy.

Non, M. Grevy n'est pas le premier de son ordre. Non, M. Grevy n'est point le plus grand orateur de l'Assemblée nationale.

Mais ces qualités sont inutiles pour bien remplir la fonction de président de la République.

Ce qu'il faut, c'est un homme d'un grand sens, comprenant les affaires, connaissant les hommes politiques, capable de les apprécier, pénétré de l'esprit des institutions démocratiques.

Ce n'est donc point, *parce que avocat*, que M. Grevy serait choisi ; mais, *quoique avocat*, parce qu'il paraîtrait aux représentans par ses antécédens, par son caractère, par ses travaux législatifs le plus capable d'exercer le pouvoir, de rallier toutes les nuances de la démocratie et d'en assurer le triomphe.

« Au président de la République, tel que je le conçois, il suffit d'intentions droites qui ne lui fussent pas prendre les intérêts exclusifs du nombre le plus petit pour les intérêts légitimes du nombre le plus grand.

Que demande-t-on de plus à un roi? Quelle garantie d'aptitude a-t-on quand il naît, qu'il saura gouverner, qu'il sera bon, qu'il sera sensé, qu'il sera éclairé? »

C'est précisément pour ce motif que le gouvernement monarchique est condamné. C'est là principalement la raison d'être du gouvernement électif, du gouvernement républicain.

Eh quoi ! il serait indifférent que le chef du pouvoir fût ou non capable, pourvu qu'il fût animé d'intentions droites ! Mais comparez donc le règne de Charlemagne à celui de son fils, Louis le Débonnaire ; le règne de Henri IV à celui de Louis XVI ; l'administration de Bonaparte 1er consul à l'administration de M. Louis-Napoléon, président de la République !

L'Histoire tout entière proteste contre votre affirmation.

« Au peuple, il faut un nom ou une idée. M. Geniller écarte l'idée et exclut le nom.

» C'est à mon sens une erreur grave. »

En repoussant les candidatures de MM. Cavaignac et Ledru-Rollin, j'en conviens, j'exclus le nom ; mais parce que je combats la candidature d'un ouvrier, il n'est pas exact de dire que j'écarte l'idée.

Sans doute, en excluant le nom, je commettrais une erreur grave, si MM. Ledru-Rollin, Cavaignac, Grevy étaient portés tous les trois en même temps par le parti républicain.

Toutes les voix modérées se porteraient sur M. Cavaignac ; toutes les voix populaires se porteraient sur M. Ledru-Rollin.

Mais pourquoi une candidature intermédiaire? Précisément pour éviter cette division, ce déchirement du parti républicain.

Ce qu'il faut, avant tout, c'est l'union des différentes fractions du parti démocratique. Il est donc nécessaire que les représentans républicains choisissent un nom qui puisse rallier à la fois toutes les voix des républicains modérés, toutes les voix des républicains ardens.

Si les représentans prennent cette initiative, s'ils tiennent compte de la nécessité de n'humilier aucune fraction du parti démocratique, les circonstances sont assez graves, le Peuple est assez intelligent pour qu'on puisse compter sur la plus rigoureuse discipline.

J'écarte l'idée, dites-vous.

Pourquoi le Peuple voterait-il pour un candidat ouvrier? Parce qu'il verrait dans une telle élection le triomphe de la démocratie. Voilà l'idée !

Eh bien ! qu'il n'y ait qu'un seul candidat républicain opposé au candidat royaliste, et le Peuple, en haine de ses oppresseurs, repoussera énergiquement le candidat du privilége et votera avec enthousiasme pour le candidat de la démocratie.

Grâces soient rendues à nos adversaires pour avoir enfin levé le masque.

Il n'en sera plus aux élections de 1852 comme il en a été aux élections de 1848.

La situation est nettement dessinée :

MONARCHIE OU RÉPUBLIQUE.

Le Peuple ne s'y trompera pas.   GENILLER.

RÉPONSE.

Le choix du candidat à la présidence de la République pour 1852, acquiert une importance d'autant plus grande, qu'il devient plus évident que la révision de la Constitution ne sera pas votée, malgré tout ce qui est mis journellement en œuvre pour exercer une pression extérieure sur la minorité de l'Assemblée législative.

Donc, à moins d'un coup d'Etat improbable qui serait le signal d'une révolution nouvelle, il y aura lieu de nommer le 10 mai 1852, un nouveau président de la République, en remplacement du président actuel, constitutionnellement inéligible.

Mais qui devra-t-on choisir?

M. Geniller, écartant les candidatures de M. Cavaignac et de M. Ledru-Rollin, persiste à soutenir que ce devra être un candidat intermédiaire, afin qu'il rallie les voix modérées du premier aux voix populaires du second.

L'opinion de M. Geniller prévalant contre la mienne, ce serait la réélection inconstitutionnelle de M. L.-N. Bonaparte assurée.

Si, au *nom* encore trop puissant de Napoléon Bonaparte, on n'opposait qu'un nom froid et obscur, si l'on n'opposait pas une *idée* qui passionne, qui enthousiasme, qui rallume les espérances éteintes dans les cœurs refroidis, dans les imaginations déçues, ce serait faire à la Centralisation administrative, qui dispose de cinq cent mille fonctionnaires, la partie trop belle et trop facile à gagner!

Aujourd'hui, si le Peuple français était livré à lui-même, s'il n'était pas garotté dans les liens d'une Constitution, que ferait-il?

— Il abolirait l'institution de la présidence telle qu'elle existe.

Il aurait raison, cent fois raison, mille fois raison. Mais l'institution de la présidence existant, qu'a-t-il à faire?

— Je l'ai dit : s'en emparer comme d'une citadelle ennemie et s'y fortifier.

Le moyen de s'en emparer, c'est par une élection tellement significative qu'elle exclue toute équivoque nouvelle; qu'elle soit par elle-même un acte décisif; qu'elle équivale par le scrutin à un triomphe du Peuple aussi complet que par le fusil; qu'elle mette fin à toute vaine tentative de réaction à l'intérieur, et qu'à l'extérieur elle agisse avec la puissance de la commotion électrique.

Il faut tout prévoir et ne rien négliger.

En 1852, c'est-à-dire dans un an, la France, pour résister à la coalition monarchique, aura besoin d'un point d'appui très ferme, qu'elle ne trouvera qu'en le prenant sur la masse des travailleurs de l'Europe tout entière. A la sainte-alliance des rois contre les peuples, il faudra qu'elle oppose énergiquement la sainte-alliance des peuples contre les rois. Quelle force puiserait-on dans ce que M. Geniller appelle un choix intermédiaire?

— Aucune.

Au contraire, le choix d'un simple travailleur pour président de la République française aurait dans toute l'Europe un retentissement immense et autant d'échos sympathiques qu'il bat de cœurs dans les poitrines courbées sous la fatigue du travail dans le champ ou dans l'atelier. Ce serait la révolution universelle par la voie pacifique.

La preuve convaincante que cette idée est juste, c'est la faiblesse même des objections de mon contradicteur, M. Geniller, faiblesse dont je prends à témoin ses lecteurs et les miens, faiblesse qui tient à la cause et non au défenseur.

M. Geniller dit :

« Républicain socialiste, je propose de choisir parmi les républicains socialistes, pour chef du pouvoir exécutif, *le plus capable* de bien remplir cette haute et difficile mission. »

Le plus capable des républicains socialistes, quel est-il?

En toutes choses, en toutes professions, en tout art, on sait le nom du plus capable. Dès que M. Geniller se sert de cette expression, il est tenu de mettre au bout le nom propre. Parlant ainsi, il doit le connaître; le connaissant, il doit l'articuler.

M. Geniller croit m'embarrasser par cette apostrophe :

« Vous proposez d'édifier! Ce dont il s'agit, dites-vous, c'est de débarrasser le passé de ses décombres, c'est de réunir les matériaux de l'avenir! Et pour accomplir *une œuvre aussi colossale*, vous prenez un ouvrier d'Etat! »

Je réponds à M. Geniller : Il y a des œuvres qui, en effet, seraient colossales livrées à de certaines mains, et qui, en d'autres mains, deviennent des plus modestes et des plus simples; il y a des difficultés qui, en certains momens, disparaissent d'elles-mêmes. C'est ainsi que le lendemain de la révolution du 24 février le suffrage universel, qui eût probablement demandé vingt lois successives et un siècle, a pu s'établir en un jour et en quatre lignes. Si le candidat intermédiaire de M. Geniller était nommé, tout serait employé pour le paralyser, et il lui arriverait ce qui est arrivé à MM. Garnier-Pagès, Crémieux, Marie, Marast, Flocon, Goudchaux, Carnot, Bethmont, Recurt, Trélat, Bastide, Duclerc, Sénard, Tourret, Freslon, Trouvé-Chauvel, Vaulabelle, Vivien, Dufaure, tous ministres successivement du 24 février au 10 décembre 1848; il voudrait se maintenir en équilibre et n'aboutirait ainsi qu'à l'immobilité, c'est-à-dire à l'impuissance. L'expérience que M. Geniller propose de renouveler a déjà été faite; le passé l'a souverainement condamnée.

Au contraire, si mon candidat personnifiant le Travail, incarnant le Peuple était élu, tout lui serait moyen, rien ne lui serait obstacle, car il ne viendrait pas même à l'idée des privilégiés d'engager une lutte contre lui. Il leur paraîtrait tout simple qu'il commençât par proposer d'abolir le recrutement militaire obligatoire, cet impôt du temps le plus inégal et le plus lourd des impôts, puis les octrois, les douanes et toutes les taxes de consommation qui sont l'impôt progressif en sens inverse, c'est-à-dire en raison de la misère, au lieu d'être en raison de la richesse. La transformation de l'impôt en assurance, l'impôt volontaire, serait voté à l'unanimité et avec le même enthousiasme qui accueillit la proposition du paysan breton Le Guen de Kerengal dans la nuit du 4 août 1789, dans cette nuit fameuse, où un conseiller du parlement réclama la destruction des priviléges de la magistrature; où Barrère fit don à ses concitoyens de la finance de sa charge; où ceux qui n'avaient aucun sacrifice personnel à faire prenaient la parole pour en exprimer leur douleur; où le comte de Virieu disait : « Je suis comme Catulle, je n'ai » qu'un moineau, je l'offre; » où on lui répondait : « Il est ici plus d'une Lesbie prête à l'accepter ; » où était la grâce dans l'enthousiasme; où la suppression des colombiers dans tout le royaume était votée par acclamation; où le curé Thibault s'écriait : « Et » nous aussi nous voulons venir en aide au peuple. Le » peu que nous avons nous l'offrons de bon cœur. » Nous abandonnerons le *casuel*; » où l'évêque de Nancy déclarait qu'il donnait une approbation entière au rachat des féodalités ecclésiastiques; où l'évêque de Chartres décrivant la détresse des populations rurales, demandait l'abolition du droit exclusif de chasse; où des bancs de la noblesse partait aussitôt un cri d'adhésion; où l'Assemblée se levait dans un immuable transport; où la pâleur des grandes inspirations couvrait tous les visages; où, enfin, l'on s'encourageait mutuellement à être heureux par la justice et forts par l'amour (1).

Il y a des sacrifices qui ne s'accomplissent que sous la pression de la force victorieuse ou dans l'élan d'un enthousiasme électrique : croit-on que la nomination de MM. Grévy, Tourret ou Carnot (je répète ici des noms qui ont été prononcés) ait cette puissance démocratique?

— Je ne le crois pas.

Mais je crois fermement que plus le candidat-emblème serait obscur par lui-même et plus son élection en aurait d'éclat et de retentissement, car elle prouverait que ce que l'on a vu et cherché en lui, c'était moins la valeur intellectuelle de l'homme que la force impulsive de l'idée.

Cette force impulsive de l'idée serait la plus sûre garantie contre la trahison de l'homme, s'il lui arrivait ce qui est arrivé à tant d'autres élus d'être infidèle le lendemain à sa mission et à ses engagemens de la veille. Où serait la garantie de M. Geniller?

M. Geniller reprend et me dit :

« Pour que cet ouvrier-président puisse imposer une direction à l'Assemblée n'accordez-vous pas qu'il devra être un *homme supérieur* sachant ce qu'il veut, ayant un plan de *réforme sociale*? »

Je réponds à M. Genillier : non, il n'aura aucunement besoin d'être un homme supérieur et d'avoir un plan de réforme sociale; il lui suffira d'avoir la valeur de l'équerre, du niveau, du compas, de la balance, du cadran; il lui suffira d'être ce que j'appellerai, par allusion aux instrumens de précision qui servent à mesurer le temps, l'espace, le vide ou la matière, un *homme de précision*, c'est-à-dire l'instrument indiquant avec certitude les besoins et la volonté du Peuple, et, quand je dis Peuple, je n'entends pas parler seulement ici du Peuple français, mais du Peuple dans son acception la plus étendue, c'est-à-dire du Peuple partout où il y a, en Europe, des privilégiés qui l'exploitent et des gouvernemens qui l'oppriment.

Par le fait seul de cette élection radicale, la réforme sociale serait accomplie.

Ce serait mieux qu'un plan de réforme sociale, car ce serait la réforme sociale elle-même, ce serait le mouvement démontré au sophiste qui le niait par le philosophe qui pour toute réponse se mit à marcher.

M. Geniller m'adresse encore cette objection :

« Mais si le choix tombait sur un ouvrier d'un esprit faux, étroit, orgueilleux, entêté, car il s'en trouve ainsi même parmi les ouvriers, à quels dangers n'auriez-vous pas exposé la cause démocratique ? »

Je réponds à cette objection : ce risque existe dans toute élection, non moins dans le choix d'un avocat, d'un militaire, d'un écrivain que dans le choix d'un ouvrier, car ce n'est pas à la condition mais à l'homme que le risque est inhérent; j'ajoute que dans l'élection que je propose, le risque serait moindre précisément parce qu'avant tout l'Elu du Peuple fonctionnerait comme fonctionne la boussole du navire. Eût-il l'esprit faux qu'il ne pourrait pas s'écarter sensiblement du septentrion et qu'il y serait toujours ramené.

(1) *Révolution française*, par LOUIS BLANC.

M. Geniller persiste à penser qu'il existe des échelons à la présidence de la République, il dit :

Le conseiller municipal, le maire d'une commune, le conseiller général, le sous-préfet, le préfet, le membre du conseil d'Etat, le représentant du peuple, le chef de bureau, le sous-secrétaire d'Etat, le ministre, le *vice-président de la République*, ne sont-ce pas des échelons? »

Je réponds à M. Geniller : D'abord, quant au vice-président de la République, la Constitution l'exclut formellement en ces termes : « Ne peuvent non plus être élus après lui dans le même intervalle, ni le *vice-président...* » Et quant au reste, je persiste à nier que ce soient des échelons, Ce qu'il importe que sache un président de la République, ce n'est pas le droit administratif, c'est le droit humain; ce n'est pas le droit arbitraire, c'est le droit absolu; ce n'est pas le droit variable, c'est le droit éternel. Celui-ci ne s'apprend pas; il est inné ; on naît et on meurt avec lui.

M. Geniller cherche l'homme capable; moi, je cherche l'homme juste. Le capable se montre, le juste se cache.

Ainsi s'explique tout naturellement comment nous cherchons en sens opposé; M. Geniller du côté de la lumière, moi du côté de l'ombre; lui, parmi le petit nombre, ce qu'on appelle l'*élite*; moi, parmi le grand nombre, que M. Thiers a nommé « la *vile multitude.*»

Qui saurait découvrir avec certitude le Juste, aurait trouvé le meilleur président de la République que le Peuple pût élire.

Mais où y a-t-il le plus de probabilités qu'on le trouvera?

Est-ce dans les salons et les bureaux ?

Est-ce dans la crèche ou l'atelier.

Toute la question est là entre M. Geniller et moi.

Il a exposé ses raisons, j'ai exposé les miennes. L'avenir prononcera.

ÉMILE DE GIRARDIN,
Réprésentant du peuple.

III.

Si vous n'avez pas absolument le parti pris de clore la discussion dont vous avez bien voulu m'honorer, je vous prie d'accueillir encore quelques observations que je crois de nature à éclairer la question.

Vous disiez dans votre dernière réponse :

« Si au *nom* encore trop puissant de Napoléon Bonaparte, on n'opposait qu'un nom froid et obscur, si l'on n'opposait pas une *idée* qui passionne, qui enthousiasme, qui rallume les espérances éteintes dans les cœurs refroidis, dans les imaginations déçues, ce serait faire à la centralisation administrative, qui dispose de cinq cent mille fonctionnaires, la partie trop belle et trop facile à gagner! »

La candidature de M. Bonaparte n'est pas autant à redouter que vous paraissez le croire.

Les princes, sans aucun doute, sont au-dessus de cette maxime morale bonne pour le vulgaire: RESPECT A LA FOI JURÉE.

Il serait donc par trop naïf de penser que le prince Napoléon Bonaparte, mettant son honneur à rester fidèle à une Constitution qu'il a juré de respecter, refusera la candidature à la présidence de la République.

Mais l'éclatant triomphe de 1848 n'est point une raison pour présumer un succès électoral en 1852. M. de Lamartine élu dans dix départemens aux élections de la constituante obtient à peine le chiffre infime de 17 mille voix aux élections du président de la

République et n'est point élu aux élections générales de la législative.

M. Napoléon Bonaparte a plus de sujets que n'en avait M. de Lamartine de craindre un semblable revirement.

Il aura contre lui les républicains ;

Sans parler de ce que leur prescrit la Constitution, jamais les démocrates, les socialistes, les amis de la liberté, de la justice à un degré quelconque ne pardonneront à M. Louis-Napoléon la criminelle expédition de Rome et sa participation à toutes les mesures liberticides et anti-démocratiques votées par l'Assemblée.

Il aura contre lui les légitimistes ;

Une seconde élection de M. Louis-Napoléon malgré la Constitution serait une consécration populaire à laquelle les légitimistes ne sauraient concourir sans déshonneur, sans être des renégats.

Il aura contre lui les orléanistes ;

Les chefs, parce qu'ils puisent dans le gouvernement parlementaire toute leur force, toute leur importance ; la masse du parti, parce que la fraction nombreuse de la bourgeoisie qui la compose voit, avec raison, plus de garanties de sécurité, de prospérité dans le gouvernement parlementaire que dans le gouvernement d'un prince qui, prenant ses fantaisies pour des traits de génie, pourrait lancer le pays dans les aventures les plus périlleuses.

Comment les orléanistes, qui ont provoqué la chute de Louis-Philippe à cause de ses tendances au gouvernement personnel, de Louis-Philippe le roi de leur prédilection, de leur création, pourraient-ils appuyer les prétentions d'un prince dont la réputation de prudence, de sagesse n'est certes point excessive et qui ne dissimule pas son mépris pour le gouvernement parlementaire, son aspiration au gouvernement personnel ?

Il aura contre lui tous les conservateurs prudens et éclairés ;

La révision étant repoussée, l'élection de M. Louis-Napoléon étant illégale, inconstitutionnelle, jamais des hommes expérimentés et importans ne descendront à provoquer la population à un acte flagrant d'insubordination contre la loi.

Si les légitimistes, les orléanistes, les hommes les plus considérables du parti exclusivement conservateur abandonnent la candidature de M. Louis-Napoléon, quel sera donc leur candidat ?

Voteront-ils pour le général Cavaignac ? feront-ils acte d'adhésion à la République ? contribueront-ils par un pareil vote à la raffermir ?

— On ne peut l'espérer.

Le candidat des vieux partis ne peut être ni un des chefs orléanistes, ni un des chefs légitimistes. Il faut, cependant, que ce candidat soit un homme important, hostile à la république.

Qui pourra-t-il être ?

Le général CHANGARNIER.

C'est en s'appuyant sur ce *nom* et avec ce *nom* seulement que les royalistes de toute nuance pourront honorablement combattre aux prochaines élections. Fussent-ils vaincus avec ce nom que la défaite leur serait moins désastreuse et plus honorable qu'un triomphe avec le *nom* de Louis-Napoléon Bonaparte.

Que reste-t-il donc à M. Louis-Napoléon ?

Il lui reste, parmi les travailleurs, la portion la plus ignorante, la moins morale, cette portion qui s'était enrôlée dans la société du dix décembre, qui est fascinée par le nom de Napoléon et que rien n'empêchera aux prochaines élections de voter sous l'impulsion de son fanatisme.

Il lui reste, dans la bourgeoisie, cette fraction d'hommes sans religion, sans instruction réelle, sans principe sans probité politique, dont toute l'opinion consiste dans ce qu'ils croient être leur intérêt matériel. qui ont horreur du moindre changement et soutiennent, quand même, tout pouvoir existant.

Ce sont là de si faibles élémens d'influence sur la masse de la population, que, l'on peut en être certain, M. Louis-Napoléon trouvera le châtiment de son parjure, s'il viole son serment à la Constitution, dans la honte d'une écrasante défaite.

Malgré les considérations qui précèdent, je reconnais l'inconvénient qu'il y a à n'opposer qu'un nom froid et obscur aux noms des candidats de nos adversaires. Mais quel nom, ayant retenti dans les masses, le parti républicain pourrait-il arborer pour drapeau aux prochaines élections ?

Les noms républicains qui ont eu, ces derniers temps, le plus de retentissement dans les masses sont les noms de MM. Lamartine, Louis Blanc, Emile de Girardin, Ledru-Rollin. Cavaignac.

M. Lamartine est impossible à cause de l'excessive modération de ses opinions.

M. Louis Blanc ne serait point proscrit qu'il serait également impossible à cause de l'excessif radicalisme de ses principes.

. M. Emile de Girardin.....

Vous paraîtra-t-il convenable que je m'exprime librement dans ce journal sur M. Emile de Girardin ? je l'espère.

Beaucoup, sans doute, s'en étonneront, mais qu'importe, ce qui n'est pas convenable, à mes yeux, c'est le manque de franchise, de loyauté.

Vous êtes assez fort, chose bien rare, pour pouvoir entendre la vérité et savoir en profiter. Je continue donc et je dis :

M. Emile de Girardin est impossible principalement à cause d'un passé qui lui aliène encore les sympathies d'un grand nombre de républicains. M. Emile de Girardin est aussi impossible parce que de la fécondité même de sa puissante intelligence, de l'énergie de son caractère résultent une hardiesse, une mobilité dans les idées, une impétuosité dans l'action qui le rendent impropre à bien remplir la fonction de président de la République dans les limites qui sont tracées par la Constitution.

J'ai déjà donné les raisons pour lesquelles la candidature de M. Ledru-Rollin devait être repoussée, et celles qui feront probablement échouer la candidature du général Cavaignac.

Cependant, je n'hésite point à l'avouer, malgré les appréhensions que m'inspire le général Cavaignac, au point de vue des opinions libérales, philosophiques et socialistes, j'ai été longtemps partisan de sa candidature, et je crois encore que le parti républicain, dans les circonstances actuelles, ne saurait faire un meilleur choix.

Les actes et les opinions du général Cavaignac, qui sont pour le parti socialiste un juste sujet de défiance et même de répulsion, seraient aussi de puissans élémens de succès, si le parti socialiste savait, dans son intérêt, c'est à dire dans l'intérêt de la cause du peuple. surmonter ses répugnances, vaincre ses rancunes.

En effet, si le général Cavaignac était l'unique candidat du parti républicain, son titre d'homme de guerre exercerait un énorme ascendant sur les paysans dans les élections ; la modération de ses opinions, les *gages* terribles qu'il a donnés à la cause de l'ordre feraient pénétrer sa candidature si avant dans les rangs de la bourgeoisie, dans les rangs même du parti conservateur, que tout candidat royaliste d'espérerait de la victoire. Le triomphe du général Cavaignac paraîtrait alors si probable, que la centralisation administrative serait paralysée dans ses efforts en faveur de M. Louis-Napoléon, que bon nombre de fonctionnaires, par suite de l'esprit qui les domine tous (ménagement pour les puissances qui arrivent, abandon des puissances qui tombent), favoriseraient plutôt qu'ils ne combattraient la candidature du général Cavaignac.

Les mêmes motifs qui font que les démocrates, que les socialistes de toute nuance s'appuient aujourd'hui unanimement sur la Constitution, devraient les décider à adopter pour candidat l'homme qui personnifie le mieux la Constitution.

Le triomphe du général Cavaignac serait la conquête définitive du suffrage universel, la consolidation de la République, par conséquent l'avènement régulier, dans un avenir prochain, des réformes sociales.

Par ces motifs, si j'espérais que le général Cavaignac pût être le candidat désigné du parti républicain; je serais au nombre des plus chaleureux partisans de sa candidature.

Mais si cette candidature doit en faire surgir une seconde plus radicale, si elle doit provoquer la division du parti républicain, l'intérêt de notre cause exige que l'une et l'autre candidature soient abandonnées et qu'il y ait une transaction sur un nom moins retentissant, mais plus acceptable par toutes les nuances du parti démocratique.

Vous dites qu'un nom froid et obscur ne provoquerait pas l'enthousiasme du peuple! Vous dites que le peuple ne verrait point dans une telle élection le triomphe d'une *idée*! Veuillez vous placer dans l'hypothèse du choix d'un nom obscur, à la condition que ce choix rallie toutes les nuances de la démocratie.

Parmi les électeurs qui, obéissant exclusivement à leurs sympathies, eussent voté soit pour M. Cavaignac, soit pour M. Ledru-Rollin, soit pour un ouvrier, y en aurait-il un seul qui ne préférât voter pour le candidat unique du parti républicain, plutôt que pour l'un des candidats des partis royalistes?

Reportez-vous aux élections antérieures. Si tel candidat obscur a obtenu à peu près autant de voix qu'en ont obtenu MM. Thiers, Montalembert, etc., à quoi le doit-il? Est-ce au prestige de son nom? Nullement, puisqu'il n'était pas connu. Est-ce à titre d'ouvrier? Pas davantage, puisqu'il n'était point ouvrier. Pourquoi donc le peuple lui a-t-il donné un si grand nombre de voix? Parce qu'il représentait aux yeux du peuple une *idée* : la démocratie socialiste.

L'élection de MM. Carnot, Vidal, de Flotte, le 10 mars, l'élection de M. Eugène Sue le 28 avril 1850, seraient-elles donc le triomphe de personnalités? Ne seraient-elles pas le triomphe de l'*idée* : démocratie socialiste.

La preuve que l'idée démocratique, aux yeux du peuple, n'est point incarnée plus particulièrement dans des candidats ouvriers, c'est que toutes les fois que des ouvriers ont été portés sur des listes électorales, ils ont obtenu moins de voix, en général, que les autres candidats portés sur les mêmes listes.

Aux élections d'avril 1848, M. Louis Blanc ayant eu la malheureuse idée de faire porter vingt candidats ouvriers sur 34 représentans à élire, combien obtin-rent de voix les candidats ouvriers qui étaient censés représenter plus particulièrement la cause de la démocratie, la cause des travailleurs? Ils obtinrent de 30 à 40 mille voix, tandis que MM. Louis Blanc, Ledru-Rollin, portés sur la même liste, obtenaient près de 150 mille voix.

Sans doute, l'élection d'un ouvrier comme président de la République, aurait un retentissement immense en Europe. Mais l'élection réussirait-elle? Porter un candidat ouvrier, ce serait le socialisme dans ce qu'il a de plus radical, de plus outré, de plus défiant, se présentant seul au combat. C'est bien alors *qu'on fera à la centralisation administrative la partie trop belle et trop facile à gagner!*

Vous cherchez l'homme *juste* et m'accusez de ne chercher que le *capable!*

Je cherche l'homme qui soit à la fois juste et capable.

La capacité n'est point incompatible avec le sentiment de la justice. La capacité me paraît, au contraire, plutôt que l'ignorance, une présomption de dévouement à la cause de la justice.

Il vous appartient moins qu'à tout autre d'exciter les défiances du peuple contre ce qu'on appelle quelquefois l'*aristocratie de l'intelligence.*

Si vous aimez le peuple, si vous désirez ardemment le triomphe de sa cause, ce que je crois fermement, il ne faut point éveiller en lui des sentimens de jalousie, de défiance, contre les hommes supérieurs; il faut, au contraire, le convaincre que son intérêt autant que la justice exigent qu'il attire à lui, en leur témoignant sa sympathie, sa reconnaissance pour les services rendus tous les hommes forts, tous les hommes puissans par leur intelligence.

Vous avez justement flétri, avec une noble indignation les sentimens haineux, les expressions de désir de vengeance, qui s'étaient fait jour récemment dans quelques écrits d'origine suspecte, et qui se donnaient comme l'expression des sentimens de la démocratie. Il serait non moins beau, de votre part, foulant aux pieds toute rancune politique, toute rivalité personnelle, tout souci de popularité, de convier le peuple à répudier tout sentiment exclusif, tout sentiment envieux, et porter ses voix sur l'homme le plus capable par son caractère, par son expérience, par sa haute intelligence, de faire triompher la cause de la République.

GENILLER.

RÉPONSE

Peu de lignes me suffiront pour répondre au nouvel article de M. Geniller.

On ne s'attend pas à ce que je m'arrête au paragraphe qui m'est relatif et qui place mon nom entre celui de M. Louis Blanc et de M. Ledru-Rollin. Il y a des ponts sur lesquels on ne passe qu'en payant un péage; M. Geniller a cru qu'il passait sur un de ces ponts; il s'est trompé. Quiconque passe sur le pont d'une publicité que j'ai concouru à construire, n'est en aucune façon tenu de me mettre une flatterie dans la main. Non-seulement je n'ai sur la présidence de la République aucune vue personnelle, mais je désire qu'il soit ici bien entendu, une fois pour toutes, qu'en émettant l'idée d'une candidature qui représenterait le Travail, je n'ai voulu désigner absolument aucun travailleur, ni abriter derrière lui aucune arrière-pensée.

J'ai lu la Constitution et j'ai vu qu'en mai 1852 il faudrait forcément élire un nouveau président de la République.

J'ai regardé les partis et j'ai vu que leurs chefs s'excluaient tous l'un par l'autre.

Au-dessus des partis, je n'ai aperçu aucun homme sur le nom duquel l'union pût se cimenter.

C'est alors qu'il m'est apparu que la Constitution étant ce qu'elle est et les partis étant ce qu'ils sont, la présidence d'un ouvrier était l'unique moyen d'accomplir pacifiquement, loyalement la révolution nécessaire.

J'ai confié cette idée à l'épreuve de la discussion et à la maturité du temps.

Les lecteurs qui ont lu les trois articles de M. Geniller ont pu peser les objections.

Les ont-ils trouvées graves et décisives?

Il ne suffit pas de dire qu'on cherche l'homme qui soit à la fois *juste* et *capable*.

Juste est un mot dont le sens est absolu.

Capable est une expression dont le sens est relatif.

On ne peut jamais dire *juste*.... de quoi?

Mais on doit toujours dire *capable*.... de quoi?

Capable d'être président de la République.

Mais pour être capable d'être président de la République, que faut-il?

Je le demande à M. Geniller.

Je suppose que j'eusse pris le premier pâtre, le premier laboureur venus, ne sachant même pas lire, et que je leur eusse dit :

« Le 24 février la France avait un roi; elle a rem-
» placé la royauté par la République et a voté une
» Constitution où il est écrit en toutes lettres :

» La République française respecte les nationalités
» étrangères comme elle entend faire respecter la sienne,
» n'entreprend aucune guerre dans des vues de con-
» quête et n'emploie jamais ses forces contre la liberté
» d'aucun peuple. »

« Un peuple voisin, le peuple romain a fait ce qu'a-
» vait fait avant lui le peuple français : il a proclamé
» la République à Rome du même droit que la Répu-
» blique avait été proclamée à Paris.

» Est-il juste que la République française se mette
» en frais de cinquante millions de francs pour aller
» renverser la République romaine? N'est-ce pas em-
» ployer ses forces contre la liberté d'un peuple? »

M. Geniller croit-il que ce pâtre, ce laboureur eussent répondu : « Oui il est juste que la République fran-
» çaise aille bombarder la République romaine; ce
» n'est pas là employer ses forces contre la liberté
» d'un peuple? »

Non, certes aucun homme de bon sens, aucun homme de bonne foi n'eût fait une telle réponse.

Eh bien! cependant cette incroyable réponse, des hommes *capables* l'ont faite.

M. L. N. Bonaparte, ayant pour premier ministre M. Odilon Barrot, le chef de l'opposition de dix-huit ans, a donné l'ordre de bombarder Rome, et ce bombardement a été approuvé par 361 votants contre 203 voix.

Qu'on me parle donc encore des hommes *capables*.

Capables, oui, de donner dans un jour de pouvoir un démenti aux convictions de toute leur vie.

Un simple pâtre, un modeste laboureur, eussent donc, dans cette circonstance, tracé plus droit le sillon de la politique que le prince et que l'avocat se nommant L. N. Bonaparte et Odilon Barrot.

Placés dans cette alternative, ou de rétablir l'impôt des boissons ou de réduire les dépenses, M. Geniller croit-il que le simple pâtre, le modeste laboureur n'eussent pas insisté pour qu'on réduisît les dépenses de l'État plutôt que d'accroître les charges du travailleur?

Cette fois encore, le simple pâtre, le modeste laboureur, se fussent montrés plus *capables* que le prince et l'avocat, par cela seul qu'ils eussent été plus justes.

Ne sont-ce pas là sinon des preuves évidentes, au moins des indications manifestes, qu'à défaut de notabilités qui s'appellent Francklin, Washington, Jefferson, l'homme qu'il conviendra de choisir en 1852, pour président de la République française, sera celui qui personnifiera le mieux, qui conséquemment connaîtra le mieux les besoins du Peuple, ses privations, ses souffrances?

M. le général Cavaignac, que M. Geniller propose d'élire, a tenu pendant cinq mois dans ses mains les destins de la France, de l'Europe, de la démocratie universelle?

Qu'en a-t-il fait?

S'il est un candidat qu'on ne doive pas élire, assurément c'est le général Cavaignac, moins encore à cause de ce qu'il a fait, qu'à cause de ce qu'il n'a pas su faire.

Nommer le général Cavaignac, ce serait absoudre l'état de siége, la transportation sans jugement, la suppression des journaux, l'abus de toutes les influences, l'arbitraire, enfin, que dis-je! ce serait les glorifier.

S'il se rendait justice et s'il tenait véritablement à l'affermissement de la République, M. le général Cavaignac déclarerait que la crainte de diviser les voix le fait renoncer à toute pensée de candidature.

Les noms cités par M. Geniller écartés, quel nom consulaire reste-t-il?

— Aucun.

D'où il faut conclure que la présidence d'un ouvrier, personnifiant les intérêts du Travail, n'est pas une idée qui m'appartienne, mais que c'est une idée tirée de la nature même des choses et du fond de la situation.

Non, il ne faut pas que le Peuple se défie des *hommes supérieurs*; il faut qu'il les honore et qu'il les emploie; mais, à leur tour, il faut qu'ils sachent qu'il ne suffit pas de se croire supérieurs pour l'être réellement, et qu'il y a un livre plus utile à lire et à consulter que celui qui s'appelle Histoire, c'est celui qui s'appelle Humanité.

Ce livre-là, qui le sait mieux que le Peuple?

Assez et trop longtemps on a gouverné exclusivement dans l'intérêt de ceux qui possédaient tout, sans s'être donné d'autre peine que celle de naître; il est temps enfin qu'on administre principalement dans l'intérêt de ceux qui ne possèdent rien que la force dont la nature a doué leurs muscles.

Cette révolution légale et fiscale est-ce M. Cavaignac, est-ce M. Grévy, qui l'accompliraient? — Non; ils ne croiraient pas même à la nécessité de l'entreprendre.

Telle est la conviction qu'a fortifiée en moi cette discussion, que si j'avais à choisir, à moralité égale, pour la présidence de la République entre le premier de nos prétendus hommes d'État et le dernier de nos laborieux artisans, je n'hésiterais pas et je prendrais l'ouvrier.

Oui, j'élirais l'ouvrier, car l'ouvrier régulièrement élu, tiré du champ ou de l'atelier, de la campagne ou de la ville, peu importerait, ce serait la révolution pacifiquement consommée, ce serait :

La conscription militaire abolie ;

L'inscription maritime supprimée ;

La vie alimentaire à bon marché;

L'épargne collective constituée;

Le budget de l'État réduit des deux-tiers;

L'impôt forcé transformé en prime volontaire d'assurance;

La misère et la mendicité éteintes;

Le travail et la consommation développées;

La commune libre;

La famille resserrée.

Resserrée.... c'est dire trop peu car où la mère est séparée de ses enfans par les travaux qui l'obligent, pour vivre, de les abandonner, est-ce que la famille existe en réalité?

— Je réponds : Non !

Tout est à réformer par le Travail et la Liberté dans notre société, œuvre de la guerre et de la conquête, du servage et du privilége.

Une profonde révolution est inévitable.

Elle est prochaine.

Si on ne la fait pas, elle se fera toute seule.

Est-il plus sage de conduire son cheval que d'être conduit par lui ?

En d'autres termes, est-il plus sage de prendre les devans d'une révolution que de se laisser dépasser par elle ?

M. Geniller pense qu'il est plus sage d'être conduit par son cheval que de le conduire.

Ce n'est pas mon avis.

ÉMILE DE GIRARDIN,
Représentant du peuple.

LE LENDEMAIN.

Non, certes, il ne faut pas vendre la peau de l'ours avant qu'il ne soit tué, mais aussi il ne faut pas tuer le porc avant d'avoir acheté le sel qui doit le conserver.

De la veille, il n'y a plus désormais à s'occuper que pour laisser paisiblement la Réaction s'éteindre dans la consomption et expirer dans sa lente et convulsive agonie.

Ce qu'il faut préparer sans retard, c'est le lendemain.

Le lendemain de la victoire du Peuple, qu'en fera-t-il ?

Malheur à lui s'il l'employait à se venger, car il se frapperait mortellement lui-même.

La force qui triomphe se venge; le droit qui triomphe ne se venge pas.

Ce qui caractérise surtout l'Erreur, c'est son intolérance; l'histoire des persécutions qu'elle a exercées est l'histoire de cinquante siècles, tandis qu'on ne citerait pas une seule persécution qui puisse être justement imputée à la Vérité.

Souvent elle a souffert le martyre; mais jamais elle ne l'a infligé.

Elle est vierge de toute proscription.

Proscrire est une peine et un tort que la Vérité ne s'est jamais donnés; elle se contente de luire et de convaincre.

Au pieux respect de la Vérité pour la Liberté, on reconnaît que celle-là est la fille et que celle-ci est la mère.

Droit et Vérité, telles sont les cautions du Peuple pour 1852.

Peureux! rassurez-vous donc; faites mieux encore, repentez-vous.

Il n'est jamais trop tard quand le repentir est sincère.

Le lendemain, ce que fera le Peuple, ce qu'il devra faire, ce sera de proclamer tout ce qui est juste.

Rien de plus, rien de moins.

Est-il juste que l'homme qui travaille gagne ce qui est pleinement nécessaire pour réparer ses forces, conserver sa santé, élever convenablement ses enfans et pourvoir aux besoins de leur mère?

— Oui.

Eh bien! cela sera.

Est-il juste que le nécessaire soit réparti entre tous avant que le superflu soit garanti à quelques-uns?

— Oui.

Eh bien! cela sera.

Est-il juste que chacun ne paie d'impôt que proportionnellement à la valeur de l'excédant de sa recette sur sa dépense?

— Oui.

Eh bien! cela sera.

Est-il juste que, pour grossir les revenus du propriétaire, on aggrave les charges du travailleur?

— Non.

Eh bien! cela ne sera plus.

Est-il juste que la propriété jouisse d'une plus grande protection que le travail, et que l'effet précède ainsi la cause?

— Non.

Eh bien! cela ne sera plus.

Est-il juste que le fils du pauvre soit contraint d'être soldat ou marin, lorsque le fils du riche peut s'en dispenser moyennant le paiement d'une faible prime?

— Non.

Eh bien! cela ne sera plus.

Est-il juste que le contribuable qui trouve l'État mal administré, soit contraint de payer l'impôt?

— Non.

Eh bien! cela ne sera plus.

Abolition de la conscription militaire;

Abolition de l'inscription maritime;

Abolition de l'impôt forcé;

Abolition des octrois;

Abolition des douanes;

Abolition de tous les priviléges, y compris le privilége de la Banque de France;

Abolition de tous les abus invétérés;

Abolition de toutes les dépenses inutiles;

Réforme du budget;

Affranchissement de la Commune;

Organisation libre des Corporations;

Séparation de l'Eglise et de l'Etat;

Séparation de l'Etat et de l'Université;

Constitution de l'Epargne collective;

Simplification du gouvernement;

Justice élue;

Liberté absolue, c'est à dire entière liberté du domicile, entière liberté de la parole, entière liberté de la correspondance, entière liberté de l'imprimerie, entière liberté de l'association;

Tout cela est au fond de l'urne électorale, et tout cela en sortira par le suffrage universel.

Alors se fermera l'ère de l'agitation stérile et s'ouvrira l'ère de l'autorité féconde.

Ère veut dire commencement d'une époque nouvelle; c'est comme si l'on disait : Conclusion d'un bail nouveau.

A la condition qu'aucune violence ne s'exercera, toutes ces réformes s'accompliront.

Rien par la Terreur, tout par la Liberté; rien par la Force, tout par le Droit.

Il y a dans l'histoire de notre première révolution une nuit célèbre.

Cette nuit porte la date du 4 août 1789.

C'est dans cette nuit que fut conquis ce qui suit, sur les préjugés, sur le mensonge, sur la tyrannie, sur la mort :

Abolition de la qualité de serf et de la main-morte sous quelque dénomination qu'elle existe ;

Faculté de rembourser les droits seigneuriaux ;

Abolition des juridictions seigneuriales ;

Suppression du droit exclusif de chasse, de colombiers et de garennes ;

Taxe en argent représentative de la dîme ; rachat possible de toutes les dîmes de quelque espèce que ce soit ;

Abolition de tous privilèges et immunités pécuniaires ;

Égalité des impôts ;

Admission de tous les citoyens aux emplois civils et militaires ;

Déclaration de l'établissement prochain d'une justice gratuite et de la suppression de la vénalité des offices ;

Abandon du privilège particulier des provinces et des villes ;

Suppression du droit de déport et de vacat, des annates, de la pluralité des bénéfices ;

Destruction des pensions obtenues sans titre ;

Réformation des jurandes.

La célèbre nuit du 4 août aura son pendant dans l'histoire, mais ce sera un jour, et ce grand jour sera celui que j'appelle ici : *le lendemain.*

Ce sera le lendemain du 10 mai, le lendemain de l'élection du nouveau président de la République, si le Peuple sait le choisir à son image.

Tel que je me représente le nouvel élu, il existe déjà dans l'histoire, il est même un des principaux personnages qui se sont illustrés dans cette nuit fameuse que je viens de rappeler, dans cette nuit du 4 août 1789.

Mirabeau était absent.

Target venait de lire un projet de proclamation qui demandait le respect pour les personnes et les propriétés.

— « Trêve aux exhortations vaines, s'écrie impétueusement le vicomte de Noailles. Le salut... c'est la justice, c'est-à-dire :

» L'égalité de l'impôt ;

» La destruction des privilèges qui écrasent le peuple;

» L'abolition des droits féodaux moyennant rachat ;

» L'abolition sans rachat des corvées seigneuriales; des main-mortes et de toutes les servitudes personnelles. »

Legrand prend la parole pour disserter savamment sur les différentes espèces de droits féodaux.

Il est à peine écouté...

Alors paraît à la tribune un cultivateur; son geste est rude et sa figure austère.

Il porte un habit de paysan ; il se nomme Le Guen de Kerengal ; on ne l'a jamais entendu ; on prête l'oreille ; il ne se perd pas dans les sinuosités d'un discours : il va droit au but, il dit :

« Qu'on nous apporte ces titres qui outragent la pudeur, qui insultent à l'humanité, qui forcent des hommes à s'atteler à une charrette comme les animaux de labourage. Qu'on nous apporte les titres en vertu desquels des hommes passent des nuits à battre des étangs pour empêcher les grenouilles de troubler le sommeil d'un voluptueux seigneur !.. »

Il est interrompu par ce cri unanime :

Oui ! oui!

Quand ce cri s'éteint, le sacrifice est consommé.

Ainsi l'histoire me donne raison et vous montre quel homme il faut élire pour président de la République.

Non un a...at qui s'appelle Target, et qui disserte, mais un pay... qui s'appelle Le Guen et qui agisse.

Si Le Guen existait encore, je vous dirais : c'est lui qu'il faut élire !

Jamais il n'y aurait eu de jour plus grand que ce lendemain !

C'est celui que j'appelle de tous mes vœux et que j'aiderai de tous mes efforts.

EMILE DE GIRARDIN,
Représentant du peuple.

PARIS. — Imprimerie SERRIERE et Ce, rue Montmartre, 131.

LA RÉVOLU

PAR

D'UN O

Solution démo

DE

EMILE D

24 pages grand in-4

PRIX : 10 CENTIMES, ET 15

LA RÉVOLUTION LEGALE

PAR LA PRÉSIDENCE

D'UN OUVRIER

Solution démocratique et pacifique

DE 1852

PAR

EMILE DE GIRARDIN.

24 pages grand in-4° à deux colonnes compactes.

PRIX : 10 CENTIMES, ET 15 CENTIMES DANS LES DÉPARTEMENTS.

www.ingramcontent.com/pod-product-compliance
Lightning Source LLC
Chambersburg PA
CBHW051417060726
47596CB00005B/2256